＼突然／
「失礼クリエイター」と呼ばれて

西出ひろ子

まえがき

地に落ちたマナー講師の信頼

身に覚えのない炎上事件は突然に

私、西出ひろ子が出演しているYouTube動画のコメント欄に突如、批判コメントが並びはじめたのは2020年7月のこと。その日は、NHKドラマ『岸辺露伴は動かない「富豪村」』の撮影に同行し、私は撮影現場でマナー指導を行っていたのでした。めまいをおこしそうになりながら、撮影現場をアシスタントにまかせ、私は「何か起きているの?」と会社のスタッフに連絡しました。

すると、スタッフは言いにくそうに「今度の先生の新刊本の内容が、Twitter(現X《エックス》)で炎上しているみたいです」と答えたのでした。

新刊本とは、1カ月半後に発売が予定されていた私の著書『超基本 テレワークマナーの教科書』のこと。まったく見知らぬ、だれかがその内容をネット上に紹介したところ「これはひどい」「うるせーばーか」「害悪」「こんな創作マナー出てくると思ったわ」といった批判が殺到し、炎上しているということでした。

ところが、その炎上のもととなったツイート内容に、私も、スタッフたちも、出版社も、困惑してしまいました。そこで紹介されているマナーとは、すべて身に覚えのないものだったのです。

「リモート会議では5分前にはルームに入室」

「終わるときは深々と頭を下げながら会議終了ボタンを押す」

「お客さまより先に退出してはいけない」

と、まるで私の本に、実際に書かれているかのように紹介されていましたが、私の原稿のどこを探してもそうした記述はなかったのです。

そもそもまだ世に出ていない本の中身を、部外者が知っているはずがありません。

ちなみに私の本には、

「オンラインミーティングの入室は1分前で十分」

「オンラインミーティングで席次を気にする必要はありません」

と書いてあります。

さらに「先に入室していないから失礼だ、などと、おたがいが思わないことこそが真のマナー」というアドバイスも添えてありました。原稿とはほぼ正反対の内容を、Twitter（現X）でまるで事実かのように紹介されていたのです。

実際の内容とはまったく違う、その投稿に、多くの人が反応し、次々に批判コメントが連なり、リツイートされ、拡散されてしまいました。そのなかには、著名人もいたほどです。この不可解な投稿は、某情報サイトにデマ投稿として掲載され、間もなく騒ぎは収まりました。

収束後、周囲の方たちから「法的な措置に出てもいいのでは」とのご意見もいただきましたが、その気にはなれませんでした。その理由に関しては第1章で詳しく説明しますが、SNSという場所が、このようなマイナスな言葉で侵されていくことはとても悲しいものだと思いました……。

ただこの件を通じて、マナー講師に対する世間の目は想像以上に厳しくなっていることを、肌で感じたのです。

「失礼クリエイター」という蔑称《べっしょう》を聞いて思わず感心

この騒動を通じてわかったことがもう一つありました。それはマナー講師につけられた「失礼クリエイター」という別名です。初めは何のことかわからなかったのですが、書き込みをたどっていくうち、ようやく意味がわかってきました。
「お客さんより、先に退出するのは〝失礼〟」「お客さんより、あとに参加しては〝失礼〟」などと、新しい〝失礼〟を創出《クリエイト》し、そうならないために新しいマナーを提唱する人たち、という意味であり、そこにはマナー講師に対する侮蔑《ぶべつ》の感情がこめられていたのでした。不謹慎かもしれませんが、私はそのネーミングのセンスに感心しました。このように言われてもいたしかたない、と思ったからです。

私は30年間、マナー一筋の人生を送ってきました。ありがたいことに、巷《ちまた》では私のことを「カリスマ・マナー講師」「マナー界の第一人者」などと呼んでくださる人もいます。『サラリーマン生態100年史　ニッポンの社長、社員、職場』（パオロ・マッツァリーノ著）では「ビジネスマナー御三家」と紹介されてもいます。

私自身、その名にふさわしいかどうかはわかりませんが、いかなるときもマナーのことを深く考え、マナーを愛してきたという自負はあります。だからマナー講師やマナー業界（マナー研修を含む）で起きることはすべて、自分のこととして受けとめてきました。

ところが、実際に私も知らないマナーが続々と現れました。聞いたこともないマナーがテレビで紹介され、本にも掲載され、世の中に出回っていく――。最近ではあいさつ、服装、言葉遣いなどについて、同じケースでも講師によって伝える内容がバラバラという現象が起きています。これでは伝えられる側も不安になるに違いありません。

いずれは批判の声が上がる予感がありました。案の定、マナーの話題はしだいにネットのかっこうの炎上ネタになり、マナー講師の信頼は失われてしまいました。

私は数年前に「マナー講師」の肩書をはずし、「マナーコンサルタント」として仕事をしています。肩書を変えた主な理由は、仕事の領域が講師以外の分野にも広がってきたからですが、それと同時に、ほかの「マナー講師」の人たちと私の伝えるマナーは異なるものであることを痛感したからでもあります。

もちろん、世間の人から見れば、私も数多く存在するマナー講師の一人に違いなく、キャリアの長さから言えば、私が「失礼クリエイター」を生む土壌をつくってしまった可能性もあります。ですが、少なくともほかのマナー講師と私とのあいだには、明確な違いがあります。それは、マナーというと多くの人が「型」を重んじますが、私の伝えるマナーは「心」の問題だと考えているところです。つまり〝マナーは型ではない〟ということがわかっているかどうかが、マナー講師の質を根本的に決定する、ということです。

マナーは、ハッピーに暮らすために存在している！

マナーというと、ほとんどの人は名刺交換のしかたとかお辞儀の角度、会議室の席次や敬語の使いかたなどを思い出すことでしょう。作法や型を覚えて、その通りに振る舞うことがマナーだと思いこんでいます。ほとんどのマナー講師が、マナーを作法や型として教えているのだから、そうなるのもしかたがありません。しかしマナーに統一した型はないことを、ここであらためて強調しておきます。

そもそも私自身、作法や型でしばられるのが大の苦手です。私が考えるマナーの本質とは、相手を思いやる「心」。型だけ知っても、心がともなわなければマナーとは言えません。

では、なぜ人はマナーを身につけなければならないのでしょうか。その目的についても、多くの人が誤解しています。

マナーを身につける目的は〝幸せな人生を歩むため〟です。ハッピーになるためにマナーはある、というのが、私が30年間にわたって皆さんに指導してきたことです。わずか2時間のマナー研修でも、私は必ずそのことを伝えてきました。だれかを不幸にしたり、諍《いさか》いを生んだりするものはマナーとは言えません。残念ながらほとんどのマナー講師は「心」の部分まで掘り下げることなく、いまだ単に「型」のみを伝えているのが現状です。もし「型」をマナーとして指導しているマナー講師の教えが、スタンダードだとするのなら私はマナー講師ではありません。私から申しますと「型」はマナーではなく「作法」ですから。「型」のみを伝える講師は作法講師になると思っています。

あなたの思うマナーのイメージと、私の言うマナーは、同じでしょうか。マナーの話題で炎上する原因は、マナーに対する一般の方々の誤解がもとになっていることもあるように思います。

このようななか、自分の身の上に起きたデマ情報からの炎上騒ぎをきっかけに、マナー講師とそれをとり巻く環境に対する取材依頼が増えました。ちょうどそのタイミングで、以前からおつき合いのある電子出版専門の出版社、アドレナライズの社長から「マナー業界の第一人者として世間の人に、あの炎上事件やマナー業界について説明をする必要があるのではないか」というお声がけをいただきました。

最初は、それは難しいことだと思い、やんわりとお断りしました。しかし、その後もマナー講師とマナーネタの炎上はエスカレートしていくいっぽう。このまま黙って嵐が過ぎるのを待っていても、マナー業界はよい方向には進まないし、このままでは、マナー講師という職業そのものが世間から蔑《さげず》まれ、あげく社会から必要とされなくなってしまうかもしれない……。そんな危機感から、やむにやまれぬ思いで、なぜこのような問題が起きているのかを紐解《ひもと》くことにいたしました。ただしそれは、二つの側面から伝えることをご理解いただきたいと思います。一つは、マナー業界の一人として。そしてもう一つは、マナー業界の一人としてではなく、マナーを愛する〝人〟として伝えることを。

本書では一般の方々のマナーにまつわる誤解を解き、マナー業界の信頼回復と今後の発展の一助になることを願うとともに、本来のマナーのありかたをより多くの人に知っていただき、皆さんがマナーでハッピーになることを切に願いながら、電子書籍として刊行した『マナー講師の正体、マナーの本質』を改題したうえに加筆して、お話しいたします。

マナーコンサルタント　西出ひろ子

突然「失礼クリエイター」と呼ばれて　もくじ

第2章　炎上したトンデモマナーを振り返る

第3章　生存競争が激しいマナー業界

第4章　企業がマナー講師に期待する姿

第7章　私がマナー講師を生涯の仕事に選んだ理由

第1章

令和の今、マナー業界に何が起こっているのか

SNS上での大炎上に反論しなかった理由とは

2020年初夏、私の身の上に炎上事件が起きました。炎上のもとになったのは、私の本を事実とはまったく違う形で紹介した、あるTwitter（現X《エックス》）の投稿でした。なぜそのアカウントは、私が書いてもいないことをまとめて、虚偽の投稿をしたのかはいまだにわかりません。発売前の本の内容を捏造《ねつぞう》して紹介したのですから、何らかの悪意があったのかもしれません。もしくは、この投稿をすることでアクセス数を増やしたい、という単純な動機で発信したのかもしれません。

この本にまつわる炎上騒ぎは『Ｙａｈｏｏ！ニュース』のトピックスにもなってさらに反響が広がりました。発売前の書籍について悪評が立てば、本の評価だけでなく売上にも影響します。仕事関係者たちからは「単なるいたずらとして終わらせるわけにはいかないのでは」と、私に提訴の措置をとるようすすめてくれましたが、私は訴えることはしないと即断しました。

訴えないと決めた理由は、私の与《あずか》り知らないところで炎上しているのに、それに対して私が反論をするのもおかしなことだと思ったからです。もう一つ、当時は緊急事態のさなか。人々の暮らしぶりにも思いをはせていました。新型コロナウイルス感染拡大の影響で、人々は制限の多い生活を強《し》いられていました。ストレスが高まり、イライラした気持ちからだれかに怒りをぶつけているのかもしれない、と考えたのです。うつ症状になっている人も増えている、というニュースも流れていました。

精神的に負荷の高いこの時期だからこそ、そのイライラをぶつける矛先《ほこさき》がたまたま私に向かったのであれば、それもしかたない。それで人々の気持ちが少しでも収まるなら……それでいい、という気持ちもあったのです。少なくとも、こういう時期に反論して、さらに人々のストレスを高めようという気にはなれませんでした。

そもそも、私自身、若いころはテレビを見ていて「なんかこの人、嫌《いや》な感じじゃない？」といったことを口にするタイプでした。そういうときには決まって夫に「ひろ子さん、会ったこともない人のことを、そんなふうに言っちゃいけない。あなたはマナーを伝える人なんでしょ」と、たしなめられていました。私自身もそんなふうに、身近にいる夫から生活の中でマナーというものを教えられてきたのです。私は自身のことを、聖人君子ではないと思っていますし、人としてまだまだ発展途上中であると、とらえています。

しかしながら、Ｔｗｉｔｔｅｒ（現Ｘ《エックス》）、Ｆａｃｅｂｏｏｋ、Ｉｎｓｔａｇｒａｍ、Ｃｌｕｂｈｏｕｓｅ、つい最近はＴｈｒｅａｄｓなど――ＳＮＳ（ソーシャル・ネット

ワーキング・サービス）が登場し、今はそんなつぶやきも、瞬《またた》く間に世界に広がる時代になりました。個人が発信する責任や、言われた相手の気持ちを考えた利用を心がけてもらいたいとは思います。ですが、私のこの炎上事件に関しては、まだまだ自分が未熟だと痛感するための学びであるととらえ、怒りの感情は起きませんでした。

私はマナーを伝える人間として、つねに相手の立場に立つ、ということを前提に考えます。相手の立場に立つ、ということは、マナーにおけるもっとも大切な基本姿勢です。それを私が無視するわけにはいきません。たとえ、こちらにまったく非はなかったとしても、その姿勢を失わないよう、つねに意識しています。私自身、もちろん完璧にできているわけではありませんが、意識だけはつねに忘れたことはありません。

そんな私がもっとも気になったのは、なぜマナーの専門家の一人にすぎない私の本が、ここまで反感を買っているのか——ということでした。だれかの心ない行為を咎《とが》めるより、その人たちの気持ちを理解したい、と思いました。

私なりに考えた仮説は、過去に遡《さかのぼ》り、今までのマナーの発信のしかたに問題があったのではないかということでした。そこにコロナ禍のストレスが加わって、このような大きな炎上騒ぎに発展したのではないか——。間違っているのかもしれませんが、それが私のたどり着いた答えでした。

「失礼クリエイター」と呼ばれて

炎上騒ぎのおかげで、マナー講師が「失礼クリエイター」という別名で呼ばれていることも、このとき知ることができました。最初はまったく何のことか、理解できませんでした。さまざまな投稿をチェックするうちに、マナー講師を揶揄《やゆ》する表現であることがわかりました。勝手に〝失礼〟をつくり出す人たちを意味すると察したとき、私はそのネーミングに思わず感心してしまいました。

新種の〝失礼〟を次々とくり出すクリエイター……。非常にウイットに富んだ表現で、ネット上で意見を表明する人たちの感覚の鋭さと表現のセンスを感じたのでした。

「マナーはまず心ありきである。心がなければマナーではない」。それが、私が一貫して皆さんに伝えてきたマナーです。ところが日本ではあまりにマナー＝型・儀礼として定着してしまったがために、心が置いてきぼりになってしまっていました。現に今もマナー講師と名乗る人たちの多くは、企業の新人研修などで「まずは、型を身につけてください。気持ちはそのあとにつければいい」と話している、と実際の受講者や他社のマナー講師、さらには取材時にインタビュアーから聞くことがあります。

「失礼クリエイター」――この別称は見事に、マナー講師の姿を表現しています。

だからこそ、あえて私はここでハッキリ言いたいのです。マナーは失礼を避けるためのものではなく、人をはじめとする動物や植物、自然界のすべてがハッピーな時間を過ごすためのものである、ということを。また、マナーは守るものでもありません。マナーであなたが守られるものなのです。これは、江戸後期の儒学者、佐藤一斎の『言志四録』のなかにも記されています。「人は礼譲を甲冑《かっちゅう》とせよ」と。礼譲、すなわちマナーは鎧《よろい》となって自身を守ってくれるものである、と言っています。

マナー、礼儀というものは、相手の立場に立つことがもっとも大切で相手との関係がよりスムーズになります。無駄な諍《いさか》いを避け、人や動物、草花や樹木、鉱物、空気、水などの自然をたがいに思いやり慈《いつく》しむことで、気持ちを通じ合わせることで、幸せな共存が実現できると思うのです。

マナーを見直すべきはマナー講師!?

ここ数年、マナーはSNS上で定番の炎上ネタになっています。これには、いくつかの原因があると感じています。一つは、マナー講師の問題。もちろん私も、自分の提唱するマナーが何度か炎上した経験があります。初めのころは「そういうことを言っているのではない」と事情を説明し、理解してもらおうとしたり、「なぜこのような受け取りかたをされるのだろう」と悲しい気持ちになったりしたことばかりでした。しかし今は、決してよい気分などとは思いませんが、気にしないようになりました。

重要なことは、マナーを伝える専門家として、多くの人がそう思っているという事実を受けとめることです。学生のときは試験の点数が自分の評価となりますが、社会人になれば他人が自分を評価することになります。たとえその評価が不当だと感じても、そう見られているなら受けとめるしかありません。受けとめたうえで、自分はどうするのか？　と考えるのです。その姿勢がこの社会で生きていくうえで、非常に重要と私は考えています。

「失礼クリエイター」と呼ばれることに対しても、世間の人がそう思っているということをまずは謙虚に受けとめました。そして、失礼クリエイターにならないような発信のしかたを心がけなければなりません。それがマナーだと考えています。

私が実際におつき合いをするマナー講師は限られています。ですから、ここで実際に面識のない、ほかのマナー講師の人たちのことをあれこれ言うことは、ひかえます。しかし、あえて老婆心ながら伝えるとするならば、昨今の世間からのマナー講師に対する風当たりは、納得する理由なく、マナーの型を言い切る伝えかたや、そのときの表情や態度、自分中心な姿勢などに起因すると感じることがあります。そして、これに対する解決策は、ビジネスマナー講師であろうがテーブルマナー講師であろうが、マナーという言葉を用いて活動する以上、各々がその立場であることの自覚を持つことに尽きると思います。もちろん、私自身、その意識はあっても、自分では気がつかないところで、無礼を働いていることもあるかもしれません。そこはこの場を借りてお詫びしたいと思います。申し訳ありませんでした。

いまだにＳＮＳでマナー講師の発言が炎上するのは、そうした日ごろのマナー講師に対する不信感や反発の積み重ねの結果ではないでしょうか。ですからＳＮＳの批判はごもっとも、というのが私の正直な感想です。世間の皆さんが「マナー講師こそマナーを見直せ」と言っているようにも聞こえます。

マナー講師は、なぜか「先生」と呼ばれることが多いですね。そのような状況が続いて、どこか勘違いしてしまうマナー講師がいるのであれば、そこは自省し、あらためていくなかで今後の道が見出せるのかもしれません。

私の肩書から「マナー講師」が消えた理由

私は以前、私と同じ考えを持つ、心を大切にするマナーを伝えてくれるマナー講師の育成に心血を注いでいました。当時、東京の表参道にあったマナーサロンで、マナー講師養成講座を開講し、日本はもとより中国など海外からの受講者がたくさん学びに来ていました。なかには、すでにマナー講師として活躍をしている人も多くいましたが、その受講者たちは口をそろえて「西出先生のマナーの考えかたと伝えかたは、新人研修で教わった内容やほかのマナー講師とは全然違って、目からウロコが落ちる思いです」と話してくれます。そう、私はほかのマナー講師の方々とは、マナーに対する思いやその目的、定義が異なります。

見た目の型や所作を優先させるマナーではなく、私の提唱する内面からの「真心マナー」に共感しそれを学び、師事してくれるマナー講師たちにはいつも感謝の気持ちがありました。その気持ちもあって、私はその後開催される同様のマナー講師養成講座には私のアシスタントとして追加料金なしで何度でも参加してよいとしていました。さらには私がメインで登壇する企業研修には、アシスタント講師として、実際の私の研修に同行し、その講義手法や伝え方を見学してもよいという対応もしていました。もっとも勉強になり、身につくのは、養成講座での講義を受講するよりも、実際の研修に同行することだと思っているからです。

事実、これらは、受講者たちから感謝されるほど好評でした。なぜ私がこのようなことを行っていたのか、それは、受講者たちへの感謝の気持ちから生まれるマナーの気持ちからの行為でした。さらに、私宛てに連絡いただいた取材や企業研修、テレビ出演、本の執筆の依頼などは、内容に応じて私自身が担当するのではなく、主宰するヒロコマナーグループに属する講師たちにその機会を与えたりもしています。

ところが残念なことに、そんな私の気持ちが通じないこともありました。そういうときに、私の心が傷つかなかったといえば嘘になります。悲しい気持ちでいっぱいになりました。そして私は講師の育成を行う気力が失せ、西出ひろ子直伝の講師養成講座を封印することにしたのです。

21歳でマナー講師を志し、27歳でマナー講師として独立して30年。まさか……と思うことも、願ってもない幸運も、さまざまなことがありました。人生１００年と言われるこの時代。還暦を目前としている今、今後の活動方針など、人生の後半をどう生きていこうかと、いろいろと考える年齢になりました。私の出した答えは、原点に戻り、ゼロからもう一度、私、西出ひろ子の確立した「真心マナー」を信頼できる人たちと一緒に楽しく、愉しく伝えていく、ということ。そこで、今まで行ってきた企業研修などの活動は、信頼できる講師たちにバトンタッチし、本来私が伝えていきたいマナーある生きかたをウェルネスマナーとして伝える活動を新たに行うようになりました。

このような経緯から、私は、21歳から目指した憧れのマナー講師の肩書を捨て、媒体などそのときの状況に応じて、「マナーコンサルタント」「ビジネスデザイナー」「美道家」などの肩書で活動をすることにしました。また求められれば「マナー解説者」としてマナーの本質を伝えることを強化するようにもなりました。結果、皇室のマナーや、社会問題など本質的なマナーの観点からの取材を受けることも多くなり、マナーの存在意義をわかりやすく解説する立場にもなりました。

一般社会で言われる「型」がマナーというのであれば、それに対しこの私がいちばんのアンチマナーだとも言いたいです。私の伝えているマナーは、世間で言われる型や所作重視のマナーではないからです。それでもなお、日本において、マナーを型重視の所作でそれをマナーとして企業や人が求めるのであれば、私の伝えるマナーは社会から求められていないとなるわけで、私がマナー講師である意味はありません。

それでも今なお、こうしてこの本の原稿を書いているのは、21歳のときに志した、マナー講師への道に対する思いがあるからだと思います。内面も外面もすてきな私のマナーの師匠となる日本航空 元客室乗務員のマナー講師、岩沙元子先生との出会いで、人生における夢と希望と目標ができた私は、本当に幸せだと感じています。そして、私に師事してくれた人たちに感謝し、現在もなお、私の元にいてくれるスタッフ、講師の皆さんにも心から感謝の気持ちでいっぱいです。そう、マナー講師という存在は、人に、企業に、社会に幸せをもたらす責任のある存在であってほしい――、いや、そういう存在であると信じています。

複数の団体がバラバラの基準で養成するマナー講師たち

ここでマナー講師とはどんな職種なのか、簡単に説明したいと思います。マナー講師をバッシングするネットユーザーには、マナー講師の実像を知らない人が多いのではないか、とSNSをたくさん読んでいるうちに感じました。批判するにせよ、何にせよ、まずはマナー講師の基本的な事情について理解してもらう必要があると思います。

まず、現時点においてマナー講師になるために特別な資格は必要ありません。極端な話、ネットに「私はマナー講師の○○です」と書けば、それだけでなれるのがマナー講師です。現在、国内には、マナー講師の養成講座やマナー講師として認定する検定制度を設けて、受講者や検定受験者を募っている団体や企業、組織がいくつかありますが、国家資格でもなければ、何かの統一基準があるわけでもありません。行政の監督も受けず、つまりは何でもありの世界となっているのが実情です。

各団体や企業、組織が自分で基準をつくって、カリキュラム化しているにすぎません。弊社もその一つといえます。

ちなみにマナー講師といえば、航空業界の元ＣＡ（キャビンアテンダント）というのが定番で、現に、今でも企業からは「元ＣＡのマナー講師を派遣してほしい」という依頼が海外からも来るほど人気です。

私が知る限りにおいては、現在の企業におけるビジネスマナー研修は、ＪＡＬの客室乗務員向けの接遇研修を一般企業にも生かすことができるのでは、ということでスタートしたと聞いています。マナー講師という職業ができたのも、ＪＡＬのＣＡ出身者がリタイアしたあとに、企業や病院などでマナーの指導を依頼され、「マナー講師」という肩書で講習を行うようになったのが事の起こりだったと考えられます。私の師匠もまさに、その一人でありました。その後、ＡＮＡ出身者のマナー講師も登場し、私が本格的にマナーを学び始めたころ、マナー講師といえばＪＡＬかＡＮＡの元ＣＡばかりという印象でした。

一方で、茶道などの先生が、その歴史や心得とともに正しい所作を伝える講座を開いていました。その後、マナー講師という職種が認知されていくに従って、作法を教える先生の中には「マナー講師」を名乗る方も増えてきたようになっていったという印象です。また、各航空会社のグループ会社や関連企業がマナー講師を派遣する事業を始めたことから、日本のマナー講師は増えていきました。

やがて組織のなかでマナー講師として活躍した人が独立して活動を始め、各種講座を開講しはじめました。その流れのなかで、個人起業家として屋号や個人名でその道のプロとして、業として活動する人も増えていきました。それとは別の流れで、企業から研修のニーズがあることに目をつけた人材派遣会社などの一般企業がマナー講師を派遣するようになり、そのうち独自に講師を養成するようにもなりました。

とはいえ、今、いくつかの団体、企業、組織が開催しているマナー講師養成講座は、スクール事業を主体にしているのが実態で、プロとして活躍できる人を育てることよりも、一人でも多く生徒を募集して売上を伸ばす教育ビジネスに力が入っているようにも見えます。したがって講習内容も、ごく基本的な内容のみで構成されているのが現状といえるでしょう。

それらを受講した人たちからは「企業の勤務経験さえあればだれでもマナー講師にな

れる、との触れこみで、安価で内容の薄い講座を提供された」という体験談もよく聞きます。そういう養成機関で、会社を辞めた人などを対象に、副業感覚でできる手軽な職業として大量のマナー講師を生み出していった感は否めません。そのような経緯から、簡単でイメージのいいセカンドキャリアとして人気を博していったという面があります。

団体、企業、組織によっては、「人に教える仕事」「先生と呼ばれる」といった、マナー講師の表面上の特徴だけを前面に打ち出すイメージ戦略で生徒を集めて、簡単な資格制度にして、数千人にのぼる講師を輩出した企業もあるといいます。これはビジネスモデルとしてお見事だと思います。しかし一方で、簡単な「型」を一時的に学んだだけでマナー講師になれる——そういった環境が、マナー講師の質に格差を生みはじめたのも事実です。

ちなみに、私が伝えるマナー講師養成講座は、受講期間は短いですが、その後の追加料金なく、希望者は私の研修やテレビドラマ撮影時のマナー指導などの現場に同行し、そこで実体験として学ぶ機会を提供してきました。また、前述の通り同じ講師養成講座が開催されるときには、その後、アシスタントとして参加でき、無料で何度も受講できるようにもしていました。そしてこのようなことをわざわざホームページには書いていません。それを目当てに受講されるのは、私の意に反するからです。そういう情報を知らずして、私の伝える真心マナーを純粋に学びたいという考え、受講してくださる方々への感謝の気持ちとして、そうしてきたまでです。このサービスを体験した人からは今でも長年にわたり感謝の言葉をいただいています。たがいに感謝し合える師弟関係を築けた人とは、私の人生における宝として皆の健康と幸せを見守り、何かあるときには救える存在であり続けたいと思っています。

いまだ続く「型」偏重の風潮

マナーと聞いて、皆さんは何を思い浮かべるでしょうか。

ある人は、お辞儀や名刺交換のしかたといったビジネスシーンの一コマを思い出すかもしれません。社内外に向けて送る手紙やメールの書き方を思い浮かべる人もいるでしょう。仕事上の食事の席での振る舞いかたや席次、冠婚葬祭時の服装などを想像するかもしれません。たしかにさまざまなシーンでそれにふさわしいマナーは存在します。

しかし、日本はなぜか型を重んじるお国柄です。そこには、武家社会が長く続いた影響があります。それだけにさまざまなしきたりや「儀礼」が存在しているため、日本人はマナー＝儀礼と思いこんでいる人が多いのですが、マナーとは儀礼のことではありません。

儀礼とは、すべての人に求められる型のことを指します。一つの状況下において、全員が守るべき決まりごとです。しかし、マナーは違います。マナーの本質に画一的な行動様式はないのです。

では、マナーとは何でしょうか。まず相手を思いやる気持ちであり、相手の立場に立って考えることです。そのうえでとる行動は、相手によってはどれも正解になり得るし、正解は一つではないといえます。

ところがマナー講師のなかにもマナーを型として教えている人があまりに多いのが現実です。マナー講師こそマナーを理解できていないと私が指摘するのは、そういう意味です。

一方で、企業も社員に型を身につけさせたいとの思いが強い傾向にあります。率直に言うなら、企業の研修担当の大半は、社員に型を覚えさせることしか考えていないのが現状のように感じます。誤解のないように記しておきますが、私は型が不要だと言っているのではありません。知識として型を覚えることも大事なことです。

しかし、心がこもっていなければ、マナーとは言えないということを、私はマナー講師を目指した21歳のときから35年間、一貫して伝えつづけてきました。私の考えに「何を根拠に！」と、異論のあるかたもいらっしゃるでしょう。しかし、令和5年、私はそれを証明してくれている文献と出合いました。それは國民教育會編『國民日常大鑑』です。ここには、第一として冒頭に「禮《れい》の本旨」として次のように記されています。

『禮とは心に起こつた恭敬の念が、外に現れたものであるから、凡《およ》そこの世に社會生活を營まうとするほどの者にとつては、何時如何《いついか》なる場所に於いても、必ずこれと離れることの出來ぬものである』。

続いて、作法の根本という項には

『禮とは前に述べた如く、もともと心のものであつて、形のものでない。即ち心の裡《うち》にある敬虔の念を、形の上に現したものが作法であるから、如何に形ばかり堅苦しく畏《かしこま》つても、心に他を敬する念がなければ、それは形の禮であつて、眞の禮ではない、魂のない一片の形式の抜殻にすぎない。これは全く形式に囚はれ過ぎて、禮の根本を忘れ、眞の禮を殺して了《しま》つた我國民の罪である。禮には常に生命があり、生長がなければならない。新時代には、新時代の生命の籠つた禮儀が生まれなければならないのである』

とあります。

さらに【新時代の礼儀】の項には、礼儀作法は、国や時代、流派によって異なるのは止むを得ないとし、時代に応じて新しい風習を知ることも大事なことと明記されています。そして、礼儀、マナーとは、心に起こった敬虔の念が、自らの言語と動作を動かしたもので、ことさらめいた挙動ではなく、自然に、そのときに応じた臨機応変な処置をとることである、とも記されています。偶然にも私は今まで、書籍や研修、講演などで同様の内容を「3つの『こ』」として伝え続けてきました。「3つの『こ』」とは、言葉の『こ』、行動の『こ』、心の『こ』です。

明治時代に書かれたこの本は、今、この令和という新時代にも当てはまるのではないでしょうか。さらにこの文献には新しい礼儀として、次の3つを挙げています。

1　公衆の道徳
2　時間の励行
3　無用の遠慮

要するに、これらは今後、私たちが深く戒め、必ずあらためていきたいものとされています。

時代によって変わるものもありますが、その本質は変わりません。マナーという相手の立場に立つ心は、世界共通でどの時代にも変わらずそこに在るものです。一方、型は国や地域などによって異なるもの。マナーを伝える人たちは、まずは変わらぬ心の部分から伝えていくことが大切なことであると思っています。

“マナー”に過剰反応するネットの人々

近年、マナーは炎上ネタの定番となり、ネットユーザーのマナー講師に対する批判の目は厳しくなっています。けれども、裏を返せば、マナーの話題はそれだけ人の興味を惹《ひ》きつけているということでもあります。

炎上した際の投稿内容を見ると、ネット特有の言葉が連なり、日常生活ではあり得ない言葉遣いも散見します。しかしそれぞれの内容は、ごもっとも、と思える指摘も多いのです。

たとえば「人に会ったときはあいさつをするのがマナーです」という、だれもが疑問をもたないことを伝えるのに「人に会ってあいさつをしないのはNG」と言われたらどうでしょうか。実際にそうかもしれないけど「あんた、何様なの？」と言いたくもなるでしょう。

他方、「人に会ったらあいさつを心がけたいですね」と優しく笑顔で言われたなら、自然に「そうですね」「そうありたいですね」と思うのではないでしょうか。マナーというのはその内容が正しいか正しくないかの前に、発信する側の伝えかたの問題がかなり大きいのです。

もちろん私自身、完璧ではありません。ときには間違うこともあります。自らの反省も含めて、マナーネタが炎上するのは、マナーを発信する側も気をつけなければならないと私は感じています。

ただし、SNSなどに見られる過激な批判や暴言の類《たぐい》も、マナー違反と言わざるを得ない節もあることは否定できません。SNSは個人が自由に発言する場とはいえ、人を傷つけるような発言は、相手のことを思いやり、相手の立場に立って考えることがマナーであるという考えかたに照らしてみれば、明らかにそれは違うのではないか、と思います。

そもそも、SNSは、人を傷つける言葉が飛び交う世界をつくるためにできたものではないはずです。だれにもプラスにならない言葉を発信するのは、マナーがどうというより無意味だし、ときにそれは犯罪にもなってしまう。

当然、反対意見はあっていいのです。けれどもフェアに議論することが大切です。言葉の暴力で気に入らない相手を痛めつけるのは、明らかにマナー違反であり、行きすぎれば犯罪にもなり得ます。それぞれが多様な意見を持つこの社会で、たがいに理解したり、協力したりするために活用するのは、ユーザー間にマナーが必要です。もちろん、私自身も日々肝に銘じています。

過剰演出と言い切りのメディア報道

伝えかたということで言えば、マナー講師だけの問題とは言い切れない面もあります。じつはマナーを番組や記事として世に伝えるテレビ番組や雑誌、ニュースサイトといったメディア側の問題もある、と見ています。

まず、メディアが型中心の情報を伝えたがることは、大いに問題です。マナーとは相手を思いやる心がすべての土台です。しかし一方で、心はつかみどころがなく、わかりにくいものです。また情報を伝達することを使命とするメディアからすると、情報性に欠ける面もあります。型なら視聴者や読者が知って得する情報になるわけです。だから型を紹介する企画内容がメインとなってしまいます。

もう一つの問題は、よりおもしろく見せるために、時に過剰な演出が入ること。たとえば、人気タレントがマナー講師からスパルタ教育を受けることで笑いをとる。その影響で、マナー講師は全員あのようなスパルタ教育をしていると勘違いした人も多いと思います。

三つ目の問題は「言い切り表現」を使うこと。メディアはよりわかりやすくしたいという点から、微妙なことや複雑なことをシンプルに伝えたがります。そこで曖昧《あいまい》さを消すために、つい言い切り表現でまとめてしまうのです。前の項目で触れたように、「○○○はＮＧ」と言い切り表現を使うのは、必ずしもマナー講師だけではありません。むしろメディア側の意向でそうなってしまうことが多いのです。メディア側の意向は理解できるものの、マナーは言い切ってしまうとマナーでなくなってしまうケースが多いのが悩みどころです。

私は、そうした過去の経験から、現在は取材や出演の依頼をいただいた時点で、マナーが誤解されるような過剰な演出や言い切り表現を使わないことを約束してもらうようにしています。約束してくれない場合、依頼をお断りすることもあります。

しかし私もかつてはそうでしたが、多くのマナー講師は、そこまでメディアに言えないのが一般的なのだと感じます。そうして、メディアの言いなりとなり、結果的に炎上ネタの矢がマナー講師に向かってしまっているわけです。

新人研修に厳しさを求める企業

もう一つ、マナー講師のイメージを左右しているのが、企業の新人研修で行われる、マナー研修です。そこではビジネスシーンで欠かせない、あいさつのしかたや名刺交換のしかた、電話応対など、ごく基本的なマナーを一通り教えます。

そのときのマナー講師の印象はどうだったでしょうか。多くの人は、厳しく鍛えられた記憶が残っていると言います。

私自身も少し厳しく指導をすることがあります。マナーを覚えるくらいで、なぜこんなに厳しくされなければならないのかと疑問に思った人もいるに違いありません。もしそうだとしたら、それはマナー講師が主体的に厳しくしようとしているわけではない可能性もあります。

というのも、マナー講師が企業研修で厳しくなるのは、企業側から要請されている場合もあるからです。マナー講師が優しく、感じのよい講習をしたいと思っていても、企業側から「もっとビシビシやってくれ」と言われたらどうでしょう。業としてマナー研修を請け負う立場であれば、ビジネスマナーとして、クライアントからの要望に極力応えていかなければなりません。また、心の大切さを教えたいと言っても「そんな抽象的な話はしないで」と制されてしまう。それより一つでも、儀礼や型を教えこんでくれ、と言われることが多くありました。

これらは、企業の新人研修で、実際に言われた言葉です。それでも私は可能な限り心を伝える努力はしていますが、おそらくほとんどのマナー講師は、企業側の意向に添って、厳しく型を教えるだけの研修を行っているのが現実だと思います。そのため、多くの社会人がマナーとは型のことだと勘違いし、うるさく言ってくるマナー講師に反感を抱くようになります。もちろん、「厳しく指導する必要はない」という企業もあるし、感じのよい、優しく指導するマナー講師も存在することをお伝えしておきます。

このように、マナー講師が何かにつけて批判される理由は、型一辺倒の研修を求める企業側の意向もあるということも、ご理解いただきたいところです。

ネットで自ら発信する時代に起きていること

今はＳＮＳでだれもが情報を発信できる時代になりました。それだけに、ネット上にある情報は玉石混交です。プロがクオリティ・チェックをしたものと、個人的な見解の域を出ない情報とが混ざりあっている状況です。

マナーに関する情報もまったく同じ状況にあります。マナー講師と称する人たちが、自らのＹｏｕＴｕｂｅチャンネルやブログなどで「これが正しいマナーです」と伝えているのですが、そのなかには根拠のない内容や、明らかにそれは違うと言えるものも多々あります。

たとえば名刺交換のしかたで検索してみると「相手の名刺は両手で受けとるのがマナー」と解説しているサイトや動画が上位に紹介されていることもあります。しかも記事の最後には「マナー講師として数々の企業で研修を行っている……」といった経歴も紹介されている。どう見ても、マナーのプロが紹介する正しいマナーだと思ってしまいますよね。

こうしたサイトを参考に、ビジネスの場で実践している人もいると思いますが、残念ながらこの情報だけを鵜呑《うの》みにしてしまうと、実際のビジネスシーンでかえって〝できない人〟と思われてしまう可能性があります。マナーの型を伝えるときに大切なことは、状況設定です。

それでは、名刺交換の状況を思い浮かべてみましょう。

ビジネスの現場では複数の人と同時に名刺交換をするケースがほとんどです。その場合、両手で受けとるには、相手が変わるたびに自分の名刺入れをどこかに置くか、ポケットにしまわなければならなくなります。もしその場にいる全員がそのやりかたを実践したら、名刺交換を終わるまでにとんでもない手間と時間がかかってしまいます。これでは効率化どころか、タイム・イズ・マネーのビジネスの世界ではありえません。

とはいえ、現代は、ネットで検索して調べればその答えがわかるとされ、ネット上の情報を教科書のように信じている傾向が強いわけです。そこに書かれてあることをそのまま盲信してしまう。おそらく私自身も、知らないことを検索して調べたら、そこに書いてあることが正しいと思ってしまうでしょう。

しかし、その道の専門家に言わせると、ネット上の情報が間違っていたということはよくあります。マナー情報もその傾向は否めません。そうして間違ったマナーを正解だと思いこむ人も現にいるわけです。

私たちのような専門家が正しいマナーを伝えても、「ネットではそうは言っていない」「ネットに書いてあるのとは違う」などという理由で、目の前にいるマナー講師が間違ったことを教えているのだ、と騒ぎはじめる——という逆転現象すら起きています。

マナーアレルギーが巷《ちまた》に蔓延《まんえん》

このように、近年のSNS上での炎上事件は、なぜそのような型を行うのかという理由を明確に説明できないマナー講師と、メディアや企業からの要請などが複雑にからんでいます。

それらの課題や矛盾を生んでいるそもそもの原因は何かといえば、マナー教育や研修から、「心」や「本質」を伝える部分が失われているからです。マナー講師に仕事を依頼する企業やメディアの担当者は、型ばかりを問題にして、マナーの根本であるその本質、なぜそうするのかというその根拠と理由、そして相手を慮《おもんぱか》る心の部分を理解できないままでいる。その結果、マナー講師には型だけを教えてもらえばいい、という風潮ができ上がってしまったのではないでしょうか。

こうした状況のなかで、マナー講師を養成する各企業、団体や組織も、マニュアル的な型だけを受講者に教えて講師として認定し、企業に派遣するという悪循環ができ上がってしまっています。

メディアはメディアで、奇抜さの観点からおもしろいマナーを伝えたり、人目を引くマナー講師を見つけては露出させたりという方法で、視聴率やページビュー（ＰＶ）を稼ごうとします。

今、一般の人たちの間にマナーアレルギーが起きているのは、これらがすべてではありませんが、こうした事情が影響していることは少なからずあると思います。

単に型を覚えるだけなら簡単です。だれでも講師になれます。けれども、歪《ひず》みが出てきているわけです。

SNSでマナー講師に批判が集中し、今や「マナー」という言葉そのものが、若い人たちの間では忌《い》み言葉になってしまいました。『うっせぇわ』（歌Ado／作詞・作曲syudou）というヒット曲には、マナーを批判する歌詞が並び、それを支持する人数に圧倒されます。このようなマナーアレルギーを引き起こしているのも、マナーの本質である心の部分が失われてしまった結果だと私は思っています。

一方で、前述の通り、そもそもマナーがこれだけ批判の対象になるのは、それだけ日本人がマナーに高い関心を寄せている証拠とも言えます。若い世代の多くは、正しいマナーを知って、それをしっかり実践したいと思っているに違いありません。現に今年の新入社員研修でお目にかかった皆さんは、全員素直で、マナーを吸収しようと一所懸命でした。ところがマナー講師によって言うことがバラバラだったり、聞いたこともないようなことをマナーとして押しつけてくるマナー講師が続々と出てきたり……。居丈高な言動のマナー講師に不信感や違和感を覚える気持ちもわかります。そしていよいよ、マナー講師は〝排除したい存在〟になってしまったのではないでしょうか……。

マナーは本来、皆さんがイメージしているような、堅苦しくて、緊張を誘うようなものではありません。マナーとは人と人との関係を平和なものにするために存在しています。寛容で温かいものがマナー。人生をより豊かでハッピーにしてくれるのが本来のマナーなのです。

第2章

炎上したトンデモマナーを振り返る

インターネットで吹き荒れた炎上マナー

この第2章では、実際のところ、どんなマナーが炎上しているのか、マナー関連の炎上事例を紹介しながら、それぞれの内容をマナーの専門家の立場で一つずつ検証してみようと思います。

最初にお断りしておきたいのは、マナーには正解がないということです。これについてはまた第8章で詳しく触れますが、マナーとはTPPO（Time＝時、Place＝場所、Person＝人・相手、Position＝立場、Occasion＝場合）に応じて、そのスタイルは変わっていいものなのです。

ですから、ここでの検証内容も、私個人の見解であり、唯一絶対の答えではないということをご了承ください。

「マスクの原色系や柄入りはNG」？

新型コロナウイルス感染拡大で、世界中の人がマスク着用の暮らしを余儀なくされました。そんななかで、あるテレビの情報番組で紹介された、マスクのマナーが物議を醸《かも》しました。それが、衛生面、安全面の観点によるマナーではなく、色や柄に関するマナーだったことで「もっと大事なマナーがあるだろう」という声が相次ぎ、ネットで炎上したのです。

たしかにTPPO云々という前に、健康面を重視したマナーを伝えるべきだったのかもしれません。また、その時期に色柄の話に入るのは一段階タイミングが早かっただけかもしれません。

ただ、どうしてここまで炎上したのか……。それは第1章でお伝えした「NG」と言い切る表現にあります。マナーの話題ではNGという表現を使うとたいていは炎上してしまうのです。私も何度も〝NG炎上〟を経験しています。マナーに〝絶対〟はありません。仮に、手元に原色のマスクしかないとしたら、着けないより着けたほうがいいに決まっています。

私は実際の放送を見たわけではありません。しかし皆さんから質問を受け、私の知る限りの情報で答えるならば、このときに伝えたマスクのマナーは、ビジネスシーンを前提としたマナーだったのではないでしょうか。放送当時、マスク生活も1年以上が経とうとするなかで、マスクが身だしなみの領域に入ってきたということを前提に、TPPOをわきまえたチョイスが必要だということを伝えたかったのではないでしょうか。

そしてそれを番組からの取材として応え、紹介したわけです。

しかし、視聴者はそこまで見聞きせずに、それがプライベートのシーンだと思いこみ、反発したのかもしれません。さらに番組では、葬儀でのマスクのマナーも紹介されたようですが、これも「ビジネスに関係する方の葬儀であれば……」などの具体的な状況設定や、なぜ葬儀には黒や白、灰色が無難だとなるのか、その理由をハッキリと明示してあれば、視聴者の皆さんにも受け入れられ、ここまでの炎上にはならなかったのではないか、と思います。

仕事には仕事にふさわしい服装、身だしなみがあるように、マスクもそれと同じ感覚で選びましょうという、マナー講師としての立場からは一般的なことを言っただけなのではないかと想像します。とくに、接客対応をする人であれば、それぞれのシーンにふさわしいタイプのマスクを選ぶのは当然です。会社や店舗からの指示もあることでしょう。

ほとんどの視聴者は、このような説明があれば理解できたはずだと思います。また、もしこれが、マナー講師ではない、ほかのコメンテーターがそう言ったなら、炎上はしなかったかもしれません。にもかかわらず、炎上するのは、マナー講師という肩書に対するアレルギー反応からそうなってしまったのではないか、と思うしだいです。

ここで気になる点は、視聴者にもマナー講師にも誤解を与えないよう、配慮ある報道であったのかどうか、ということ。この企画をそのマナー講師が番組に持ちこみ、自身がメディアに出たいということであったのであれば、致し方ないと言える点もあるでしょう。しかし、番組が立てた企画で、マナー講師に出演を依頼し、この企画をそのマナー講師に背負ってもらったのであれば、メディア側は出演者にも配慮してほしいと思います。

ちなみに、テレビに出れば、相応のギャラが入ると皆さんは思われているかもしれませんが、一般的に文化人枠と言われるマナー講師への出演料はそうではない——ということもお伝えしておきます。収録、放送までに費やす労力と時間を考慮すれば、むしろ赤字と言っても過言ではないでしょう。

「徳利《とっくり》は注ぎ口の反対側から注ぐのがマナー」？

「徳利で酌《しゃく》をするときにはあえて、注ぎ口を外したところでお酒を注ぎましょう」というもの。これもさまざまな場所でとりざたされ、議論を呼んでいます。

そもそもなぜそんなマナーができたのでしょうか。諸説ありますが、まことしやかに言われているのは、戦乱の世だったころ、敵を毒殺するために、徳利の注ぎ口に毒を塗ったという逸話から来ているという説です。その名残から、お酒を注ぐ相手に敵意のないことを示すため、注ぎ口を外すようになったという話。今の時代にも、そのようなことを気にする人がいるらしい、とのこと。

もう一つ、徳利の注ぎ口には汚れや付着物がつきやすいので、そこを避けて注ぐのが相手への配慮だという説もあります。

ここでもう一度、マナーの本質に立ち返ってみます。マナーの本質とは相手の立場に立つということです。その観点から言えば、仮に毒を塗っているかもしれないという疑いからの行動なら、お店に対して失礼な行為となります。また、徳利の作り手の立場に立ってみれば「ここから注ぐと注ぎやすいですよ」という配慮から手間をかけて注ぎ口をつくってくれているのですから、ありがたく使うほうがスマートです。お店にも徳利の作り手にも失礼ということで、マナー的観点でいえば私はおすすめしません。

マナーとして成立する場合を考えるなら、たとえば注ぎ口が汚れている場合。そのときは成立します。接待の席などでお店の人に「汚れていますよ」と言えば、場の雰囲気もおかしくなる可能性もあります。少しずらしたところから注ぐ、という機転があってもいいかもしれないですね。とはいえ、それがマナーというのは言いすぎだと思います。

しかしマナーには別の側面があって、その場にいるほとんどの人がそうしているなら、それに合わせるのもマナーなのです。上司や周囲の人がそうしていれば、合わせればいいわけです。「そんなの意味がないですよ」とわざわざ言うほうがマナーに反するときもあります。

つまり、マナーという観点で言えば、正しいか正しくないかを議論するより、臨機応変にその場に合わせるのがマナーなのです。

聞くところ、地方のある食器メーカーが、いくつもの注ぎ口がある徳利をつくって販売したそうです。マナーにまつわるやりとりを逆手にとった、洒落《しゃれ》た反抗心が見えておもしろいと思います。とにもかくにも、マナーとは、おたがいがおたがいの立場に立って相手を思いやること。もし明らかにマナーの型を知らない人と同席した場合でも、よほどのことがない限り、人前でそれを正したり、不快に思ったりしないことが、じつは真のマナーなのです。

「刺身やちらし寿司のワサビを醤油に溶かすのはNG」?

これも言い切りが炎上を生むという、典型的なマナーの炎上例です。

ここで問題なのは、理由が明らかにされていないことです。型や形だけを先に伝え、NGと強く言い切っています。反発を食らっても仕方がないパターンです。

まずこのマナーが意味するところを解説すると、醤油に溶かしてしまったら、せっかくのワサビの風味が台なしになるからひかえたほうがいいですね、ということ。

ほかには、見た目に美しくないとか、あとで醤油皿を洗いにくいといった理由もあるようです。

この問題はTPPOで考えてみるのがいいでしょう。たとえば自宅や気心の知れた家族と食卓を囲んだ食事なら、醤油にワサビを溶かそうと、ネタに直接つけようと、したいようにすればいいということになります。実際に私もそうしていました。

そうではない場合――たとえばそこが和食の高級店なら、ワサビも摺《す》りたての厳選したものを出してくれるはずです。お店の立場に立って考えると、ワサビの風味も味わってもらいたいに違いありません。そうであれば、醤油に溶かしてしまわないほうがいい、ということになります。

しかし、じつはそれも、絶対にそうだとは言い切れません。そこがマナーの深いところなのですが、その席の主賓――上司かもしれないし、仕事上のお客さまかもしれない――が醤油にワサビを溶かしたなら、ほかの人も溶かせばいいですし、逆にそのかたがネタに直接つけて食べているなら、ほかの人もネタにつけて食べればいい、ということになります。

かつてイギリスの女王が、晩餐《ばんさん》の席を設けたときのこと。ある国の賓客が、テーブルの上に置かれたフィンガーボウルの水を飲んでしまいました。フィンガーボウルとは、素手で食べる料理が出される際に、汚れた指を洗うための水が入った容器のことです。そうとは知らないその賓客が水を飲んだとき、ほかの列席者たちのあいだに緊張が走りました。そのとき、女王は何食わぬ顔で同様に、自身の前に置かれているフィンガーボウルの水を飲んだのです。これは女王の優しい人柄がしのばれる、とても有名なエピソードです。これこそが究極の本物のマナーとして今も語り継がれています。

〝マナーは絶対的にこうしなさい、という型ではない〟とくり返す理由がわかっていただけるでしょうか。このエピソードに照らし合わせれば、醤油をワサビに溶かすのをNGと言い切ることはできません。

一方、このような食に関するマナーでは、お店や作り手の気持ちも考えたいものです。大阪にある『和処Re楽』の女将《おかみ》で和食マナー講師としても活動している裏野由美子さんもおっしゃっています。「それを提供してくれたお店や職人がどう食べてほしいかを考える。そこに食べかたのマナーがあるのだ」と。以前はこだわりを持った職人が「こう食べてほしい」と食べかたをある意味、強制することもありましたが、現代は「好きに食べてください」とおっしゃるかたが増えたように感じます。これはお店や職人側のお客さまに対するマナーと言えます。とはいえ、食べかたを知らないときには、その型を知るほうがありがたいこともあります。

お店側の理想の対応は、まず「こういう理由から、こういうふうにするとおいしく召し上がれるかと思います」と、理由と食べかたを教えます。そのうえで「お好みの食べかたでどうぞ」とします。どうするかは相手に選んでもらえばいいのです。

その理由と型を知って、そのときにどうするかは、その人の自由。マナーとして大切なことは、その場にいる人たち、みんなが心地よくなることですから。

「押印するときは上司の印鑑のほうに傾けて押す」？

お辞儀印鑑——。炎上ネタとしてメディアからその真偽のコメントを求められ、初めて私はその存在を知りました。これを聞いたとき、正直、言葉を失ったくらいの衝撃がありました。部下が上司の印鑑に対してお辞儀をするように傾けてハンコを押す、ということが押印のマナーとして存在する、というもの。これにはさすがの私も、「そんなマナー、あるんですか⁉」と、逆に質問をしてしまいました。

聞くところによると、大手都市銀行のどこかの部門がこういうルールをつくり、それが噂になって広がっていったということですが、それも定かではありません。ということで、出所もわからないし、マナーを研究してきた私自身が知らなかったくらいですから、これをマナーとして解釈することは難題です。

そもそもこれはその会社、もしくはその部門に限定されたルールだったのではないでしょうか。ある組織内部で決めたことであれば、他者が意見を差し挟む余地はありません。しかし、明らかに一般化されたマナーとは異なるので、もしだれかがこれをビジネスマナーの決まり事として紹介したなら、世間の批判を浴びることになってもしかたありません。なぜなら、マナーとは人に強要するものではないからです。

特に新型コロナウイルス感染拡大の影響でテレワークが多くなってからは、印鑑そのものの是非が問われはじめており、今では電子決済のシステムに置き換わりはじめています。こうしたお辞儀印鑑ルールは時代とともになくなっていくのだろう……と思っていたのですが、なんと印鑑大手の会社が開発した電子印鑑システムには、印鑑の画像を斜めに表示できる機能がついているという！　はたしてそれは洒落《しゃれ》なのか、企業からのまじめな要請に応えたものかはわかりませんが、手で押す印鑑がなくなっても、案外、このルールは根強く残っていくのかもしれません。

このお辞儀印鑑は、その理由を聞くと「なるほど」と感心しました。とはいえ、実際のお辞儀の角度から印鑑の角度まで決められてしまい、その角度に合っていなければ、何度もやり直さなければいけないのでしょうか。

ビジネスで重要なことは、印鑑やお辞儀の角度がどうこうではないと思う私は、マナー知らずなのでしょうか。

……だとしたら、私にはビジネスマナーを語る資格がありません。

「喪服のタイツは30デニール以下」？

このマナーが何のことを言っているのか、わかりにくいかもしれないので先に説明します。葬儀の際の女性のタイツの「繊維の厚さ」を問題にしているのです。「デニール」とは繊維の厚さの単位で、数字が高いほど厚くなります。30デニールとはストッキングとタイツのちょうど境目の値で、ストッキングとしては厚いが、タイツとしては肌の透け感が残る、もっとも薄いものにあたります。

この記事がネットで配信されると、読者から「デニール数まで細かく指定するなんて聞いたことがない」「本人の判断でいいはずだ」「冬の葬儀は30デニールだと寒くて耐えられない」といった非難の声が上がり、ネットで炎上しました。加えて葬儀関係者の方々からも「そんなマナーはない」といったコメントも入り、結果的に根も葉もないマナーをつくるマナー講師が悪い、ということになりました。

葬儀関連のマナーに関しては炎上することが多く、これもその一例です。

この炎上マナーには私も関わっています。この件については皆さんに経緯をお伝えいたします。細かい話で恐縮ですが、そのときのやりとりを紹介すると、メディア側から「喪服にタイツをはいてはいけないのか」という質問を受けたので「タイツをはくのがいけないわけではない」と答えたところ、「何十デニールならいいのか」とさらに質問をされたのです。

私は「何十デニールでもいいんじゃないでしょうか」と一度は答えたものの、「それでは読者が迷うので具体的に言ってほしい」と頼まれました。私は「ストッキングに使われているデニールなら違和感を持たれることなく安心でしょう。でも、寒ければそれ以上のものをはいてももちろんいいですよ」と答えた。しかし、記事では「30デニール以下」という表現で紹介されていました。

ここで一つお伝えしておきます。一般的に、身だしなみの装いといえば、正礼装、準礼装、略礼装など、フォーマルな装いとカジュアルな装いがあります。洋服であれば、タキシードとスーツ、ロングドレスと膝丈のカクテルドレスでは、その〝格〟が異なります。和服も同様に留袖《とめそで》と浴衣《ゆかた》など、身だしなみにはその格があります。そして、靴下や靴は、その装いの格に合わせて着用することで、トータルとして成立します。

わかりやすい例を示すと、一般的に、浴衣には革の草履《ぞうり》とかばんを合わせることはしません。それと同様に、喪服では、故人への感謝や偲《しの》ぶ気持ちを表すフォーマルな装いで敬意を伝えます。そのフォーマルな喪服に、くるぶしまでの真っ赤な靴下を合わせることはしないでしょう。靴下にも格があり、なかでもストッキングはフォーマルな装いに合わせるものとして格が上とされています。タイツは、防寒の役目もあるため、たとえば肌寒い季節のハイキングなどには、ズボンの下にはいたりすることもあり、ストッキングと比較するとカジュアルな部類となるわけです。

このような観点から、喪服にはストッキングを合わせることが、装いのマナーとして言われてきました。そのため、同じタイツでも、なるべくストッキングに近い、薄い厚さのものを着用すると、フォーマルな装いの意味をくずさないですね、という意味があります。

話を戻します。このような理由があっての私の回答だったのですが、メディアではなかなかここまでの理由を説明することはありません。それは、文字数や時間の制限があるから、というのが理由です。もう一つには、いろいろな情報を盛りこみすぎると、かえって読者や視聴者が混乱し、伝わらないという理由から、紹介に至らないケースがほとんどなのです。

最終的に、何をどのように紹介するのかは、それぞれの媒体の方針しだいなのです。雑誌であれば、それぞれ、編集方針というものが存在します。この件でいえば、私も原稿の確認はしたので、もちろん責任はあります。しかし私の立場的に、メディアから「読者のためにわかりやすく端的にしたい」と言われればその意向を尊重しようという考えもあります。このような表現のほうが、読者にとって理解しやすいのであればこれでよい、と思ってしまったのです。メディア取材ではこういうことがよく起きます。じつはつい最近も、同様の内容の取材を受けました。

するとやはり「何十デニールが好ましいのですか？」と尋ねられました。

私としては、今もマナーとして間違っているとは考えてはいません。ストッキングのほうが望ましいと考えています。けれども、葬儀にタイツを着用するのはマナー違反、などと言う気はさらさらありません。こういうことは、その日の体調、季節、気温、あるいは故人や喪主との関係性を考慮して、自分で決めればいいことです。

結局のところ、どう紹介するかは、最終的にはメディアしだいです。メディアは、読者や視聴者のためによかれと思って具体的な数字を出して言い切りたいのです。しかし、それをやってしまうと、マナー、すなわち礼儀ではなく、儀礼となってしまいます。マナーを儀礼として紹介するのは、マナーではありません。

このような経験の数々を教訓とし、現在、私は、読者や視聴者に誤解を与えない表現をしていただけるよう、メディア側にもお願いをするようにしています。

「葬儀で『お忙しい』『ご多忙』は忌み言葉」？

お葬式の場では「忙」という字を含む言葉を使わない、というマナーがあるということを知ったのは私もごく最近のこと。心を亡くすと書く「忙」という字が遺族の悲しみを増してしまうという配慮から来ているようです。

もちろん、その理由を聞けば「たしかに……」という感想を持ちました。とはいえ、さすがにこれは考えすぎというか、いきすぎたマナーの一つかな、と思っています。

昔からこうした類のことは言われていたような気がしますが、それが標準的なマナーのように言われることはありませんでした。今はインターネットで一般のかたに知られる速度が早いため、急速に流布してしまうということでしょう。たしかに言われてみれば、それも相手への配慮にはなりえます。知った以上は気になってしまいそうですが、とはいえ、マナー違反と言い切るのはどうでしょうか。

これが炎上したのは言い切りの表現が原因ではないかと考えます。あるいはそれを伝えるマナー講師が「当然だ」とばかりに、少し威圧的に話したのかもしれません。それが嫌で、反発したくなった人が多かったのではないか、という気がしています。とはいえ、結婚式においても、とくに司会者は「本日はお忙しいところ」とは言わないようにしているそうです。それでは、どう言い換えるのか。「本日はご多用のなか」となります。

このような情報は、自分で選択、判断した上で、実践すればいいのです。マナーとはそういうもの。信用できないからといって、すべて切り捨てることはありません。どんな内容であれ、情報や知識として知っておくことは大切です。そしてそれがいいと思えば、自分なりに取り入れればいいだけの話です。

しかし、くり返しになりますが、マナーは人に強要するものではありません。見聞きした情報をその通りに実践するかどうかは、各人の自由です。

「メールのCC、BCCは失礼にあたる」？

ＣＣやＢＣＣの使いかたは難しい面もあります。とくにＢＣＣを日常的に使いこなしている人は少数派でしょう。しかしこの2つの機能そのものが〝失礼〟というのは、首をかしげてしまいます。そもそもＣＣやＢＣＣは、メールならではの便利な機能ですから、失礼だ、というならメールのこの機能を否定することにもなりかねません。

ところで、なぜ失礼なのでしょうか。どうやら、一人ひとり別々に出すのが礼儀だから、ということらしいのです……。

これも過剰な気遣いであり、現実的とは思えません。生産性向上に努めているビジネスパーソンがこんな手間をかけてはいられないでしょう。ビジネスマナーとは、それぞれが忙しい状況でいかに相手の立場に立って配慮するかというところが肝であります。仕事の手間を大幅に増やすようなマナーは、ビジネスマナーとは言い難いですね。

メールのマナーとして一つ、大切なマナーを挙げておくと、相手への敬意を表すために、ＣＣの宛名の順番には配慮するということ。もちろん、これも「そうしなければマナー違反」だということはないし、決められたルールでもありません。そして、この名前の順番を気にしない人もいるでしょう。しかし、日本の会社の幹部には席次にこだわる人が多いのが実情です。これを鑑《かんが》みたときに、全員が必ず読むような大事なメールは、会議室や宴席と同じように、上位の人から順に名前が並ぶよう配慮することは、決して悪いことではないと思います。

ふだんの仕事でそういう細かいことに配慮ができる人は、ほかのことにも配慮できる人だと評価されます。その積み重ねで、しだいに信頼を得ていく——。一人ひとりに敬意を示したいのであれば、CCやBCCを云々という前に、こういう点を意識するほうが配慮という面においては有効かと思います。とはいえ、時代のなかで、現代はあまりこのようなことを気にしない風潮も高まっています。宛名の順番も気にしないのがマナーとも言えるのかもしれません。

「メールに句読点は上から目線で失礼」？

以前、FNNプライムオンライン編集部から取材依頼がありました。内容は「メールに句読点を打つのは失礼なのか？」という質問でした。

結論から言うと、通常のメールのやり取りで句読点を使うのは、おかしいことではありません。どうやら、メールで句読点を打つことが失礼だという記事が出ている、とのこと。では、なぜこんなマナーが流布してしまったのでしょうか。調べてみたところ、火元は確認できず、おそらくはだれかがネットにそういう書きこみをしたのだと思われます。問題は、発信者がその理由について、わかりやすい説明をしていなかったからではないでしょうか。だから、ここまでの物議になったということでしょう。

では、ここから、そのときの取材に答えた私の話の内容を紹介しておきましょう。

ポイントは、昔は、句読点はなかった、ということ。

日本で句読点が使われはじめたのは、明治20～30年代だといわれています。句読点のルールが初めて制定されたのは、明治39年に文部省から示された「句読法案（句読点法案）」。なぜ句読点を打つようになったかというと簡単な話で、句読点があるほうが、相手が読みやすいからです。

つまり相手に対する配慮として生まれたのです。

海外における英文のカンマやピリオドにも、同様の問題があります。たとえば、ベストセラーとなった『Eats, Shoots & Leaves』（リン・トラス著）においても、マナーとの関係性が記述されています。ところが「『読みやすくする』ということは、相手に失礼なのでは？」と深読みをする人がおそらくいたのです。そこには「句読点をつけないと読むことができないだろう」という見方がベースにあり、それが「相手を見下している」「失礼」と言われる理由につながったのではないでしょうか。

しかし、文部省の案から100年以上も経ち、句読点を打つことが当たり前となっている今、句読点をつけることが失礼……というのは浮世離れしています。こういう類の話題は、食事の席で「へー」と盛り上がる雑学ネタにすればいいものだと思います。

ただその一方で、お祝い事やお悔やみの文面には、句読点をつけないのがマナーとされていることは知っておいたほうがいいでしょう。

句読点が区切りをつけるものだから、切れる、終わる、を連想させるため、縁起が悪いということで、使わないほうがよいとされています。もし手元にあるのなら確認してみてください。結婚式の招待状や後日の御礼状、もしくは喪中ハガキなどは、専門の結婚式サービス会社や葬儀社がつくる際には、句読点が入っていないことがほとんどのはずです。もちろん、これも今後は変わっていくのかもしれませんが、おそらく皆さんも、そうした句読点のないハガキを受けとったことがあると思います。じつは年賀状も句読点を入れないのがマナーとされています。

しかし、だから絶対にそうしなければならない、ということではありません。どうするかは、それぞれの自由です。マナーは、相手もそれを知っていないと成立しない。知らなければかえって「句読点のない失礼な手紙だ」と思われる場合もあるでしょう。

個人的には、こういう理由を知ったうえで、読点の代わりに半角スペースをあけるなど、状況に応じて省くことがあります。また、弊社の婚活支援サービスに関するサイトでは、句読点をつけていません。それはマナーを提供している会社としてのこだわりであり、万が一ご覧いただいたかたのなかに、気にするかたがいるかもしれないという配慮です。もちろん、これを「行きすぎている」と思われる人もいるでしょう。しかし、決して強要するものではないので、その点は安心してほしいです。

話をまとめると、一般のメールで句読点を打つことは、マナー違反ではありません。一方で、冠婚葬祭などのフォーマルな儀礼としては今も句読点を使わない風習は残っている、ということも併せてお伝えしておきます。

「『了解しました』は失礼」？

メールでも電話でも、何かの報告・連絡を受けたとき「了解しました」と応えるのは、一般的な返事のフレーズとなっています。

「わかりました」ということを、ビジネス上で伝えるには一般的に次の3段階の言いかたがあります。「了解しました」「承知しました」「かしこまりました」です。

これも、マナーの観点からは、その言葉のニュアンスや相手の受けとりかたしだいとなります。そのうえで、相手への敬意を表現するていねい言葉として「了解しました」、その次が「承知しました」、もっとも敬意を表す言葉が「かしこまりました」という順になります。

これを意識するなら、目上の人に「了解しました」は使わないほうがいいということになります。そこは何らかの敬意を表現するためにも「承知しました」を用いるのが無難だと言えるでしょう。

さらに重役など会社のなかでもかなり目上の人や、お客さまなら「かしこまりました」とするほうが、相手を敬《うやま》う気持ちが伝わるでしょう。

ですが、これもここまでにくり返してきた通り、時と場合によるもので、こう言い切ってしまうと、反発する人も多いことは容易に想像がつきます。

気心が知れた間柄であれば、仕事上のつき合いでも使用して問題はない、と私は考えます。「NG」「失礼」と言い切ってしまうのは、それは違うのではないか、という印象です。

最近は、会社のなかではかなり上下関係は希薄になっていますし、経営陣のなかには堅苦しい縦《たて》関係をなくして、自由闊達《かったつ》なコミュニケーションを促したいという人も増えているので、かしこまった表現を避ける傾向もあります。

こういう背景がありながら「『了解しました』は失礼」というマナーが今、あえて流布してきたというのは、そうした傾向の反動ではないかと想像します。

上司として大事な仕事の命令を発したにもかかわらず「了解」と書かれたＬＩＮＥスタンプだけで返事をされた、というような話も、企業の研修担当者から聞きます。しだいに上司と部下の関係性のあいだに、相手への敬いの気持ちが希薄になっていることから、その関係性における言葉遣いに悩む人もいます。

上司とのコミュニケーションにも、くだけていいときはもちろんあります。しかし、会社は組織である以上、上下関係は必ずあります。いくらフランクな組織でも、人として、たがいに敬意を示すことは必要なことだと思います。雑談のなかでのやりとりならまだしも、仕事にかかわるなら、そこを忘れてはいけないと思います。ちなみに私は、年下の相手でも取引先やお客さまには「かしこまりました」を使います。それを見聞きする弊社スタッフたちも自然とその言葉を使っています。一方で、ある企業のコンサルティングで上司に「かしこまりました」と言ったら「そんなにかしこまらないで」と返された、と相談をされたことがあります。よかれと思って伝えている言葉でも、相手の好みの問題もあります。

大切なことは、相手からNGを出されても、落ちこまないこと。このことを私は「心の筋肉」を鍛える、と言っています。次から、その相手にはその言葉を遣わないようにすることを心得ておけばよいのです。「かしこまりました」と言われて気分がよくなる人もいるのですから。

正確なことは学者や専門家に尋ねるのがいちばん

ここまで炎上したマナーについて、実際のところはどうなの？　とモヤモヤしているとご質問をいただいた内容のいくつかを例として挙げ、私なりの意見を述べてきました。マナーは歴史やそのときの時代の価値観が複雑にからむので、簡単にいいとか悪いと言えるものではないということが多少はおわかりいただけたと思います。

何度もくり返した通り、マナーに正解はありません。諸説あるなかで何を選び、何を実践するかは個人の自由です。

マナー講師の言うことをすべて鵜呑《うの》みにする必要はありません。

マナー講師には国の資格制度もなければ、統一された教育カリキュラムもないのが現状です。自分で名乗ってしまえば、それでマナー講師になれる世界です。マナーを深いものととらえ、幅広く実直に学んでいる人もいれば、そうでない人もいます。だから講師によって言うことがバラバラ、という事態も起きているわけです。

マナー講師はマナーを人に伝える専門家ですが、全員がそれぞれのジャンルに精通しているわけではありません。本当に正確なマナーを知りたいなら、葬儀でのマナーは仏式なら僧侶、神式なら神主や葬儀会社に聞くのがいちばんだし、結婚式のマナーは結婚式場に聞くのがもっとも間違いのない方法です。敬語などの言葉遣いについても、正確な知識を持っているのは言葉を専門に研究している学者たちです。

私自身も日々、それぞれのマナーを勉強してはいますが、時代によってマナーは変わるため、すべてを追い切れているわけではありません。時には今の現場を知らずに、以前のマナーをお伝えすることもあります。そういう場合は、葬儀会社のかたや結婚式のスタッフのかたから、お叱りをいただくこともあります。

そのたびにお詫びをして、最近の現場におけるマナーを学ばせてもらうことのくり返しです。ちなみに、葬儀のマナーについての取材が多いこともあり、日本ではもっとも多い仏式のマナーを伝えるためにも、私は2023年に得度を受け、僧名「凛水」として、師匠である、浄土宗西山深草派大本山圓福寺第85世住職の小島雅道上人に師事しています。

私は本来、組織に属するのは苦手なタイプのため、得度を受け、その宗派に属することに初めは躊躇しました。しかしながら、それ以前に私は小島雅道上人に師事したいと思ったのです。私の職業上、お悔やみのマナーを伝える人としてその道の学びを深めたいと思っていたころ、小島雅道上人は「仏教は宗教ではなく、哲学である」とおっしゃったからです。

私が考える〝マナー〟について「西出さんの伝えるマナーは、哲学の一種だね」と言われることがあります。そうであれば、仏教の教えは、私の伝えるマナーと通ずるものがあるのではないか、と思いました。そして師匠の小島雅道上人より「古いとか、時代遅れでもない、人として大切な、敬う心を忘れないということを、これからもマナーを通じて、たくさんのかたに伝えてほしいです」とのお言葉をいただき、還暦を目前にさらに精進しよう、と決意しました。

仏教にもいくつかの宗派があり、焼香の仕方などがそれぞれに異なります。先述の通り、同時に正しいマナーを知ったからと言って、それがどんなときでも正解ということはありません。TPPOによって、マナーは変わります。だから状況に応じて、行動を決めるのは個人である、ということです。

この章で紹介したマナーは、「トンデモマナー」、あるいは「謎マナー」などと言われていますが、じつは諸説の一つにすぎないのです。だから伝えられたマナーを型通りに実践するより、その意味を知識として知っておくことがまずは大切です。そうした知識をもとに、その場に応じて臨機応変に使い分けたり、その情報を自分なりにどう解釈し、自分にとり入れるのか否かを決めたりすることが、求められる時代になってきたのではないでしょうか。

さて、これまでマナーを巡る問題にあまり関心がなかったという人も、何かと騒がれているマナーの問題についてだんだんわかったきた、という人もいらっしゃるでしょう。また、これまでマナー講師に対して反感や嫌悪感を募らせてきた人にとっては、これまで明らかにされていなかったマナー講師をめぐる環境や実態を知る機会になり、少し見かたが変わったかもしれませんね。

次の第3章からは、そもそもマナー講師の仕事とはどんなもので、どうやって生計を立てているのかをお伝えしたいと思います。

第3章

生存競争が激しいマナー業界

マナー講師とはそもそもどんな職業を指すのか

実際のところ、マナー講師がどのような職業なのか、どれだけの人がわかっているでしょうか。ネット上ではマナー講師に対する批判が高まっていますが、もしかしたら実態がよくわからないからこそ、批判したくなる面もありそうです。そうした懸念もあるため、ここではマナー講師の概要について詳しく説明します。

マナー講師とは「人にマナーを教えることで収入を得ている人たち」を指します。マナーといってもビジネスマナー、テーブルマナー、冠婚葬祭のマナーなど、さまざまな種類がありますが、ビジネスマナー系とエレガンスマナー系の二つに大きく分かれています。テーブルマナーや立ち居振る舞いなどは、後者のエレガンスマナーとなります。

少し歴史的な背景に触れておくと、もともと日本のマナー講師は、1970年代ごろからJALのスチュワーデス（現在のキャビンアテンダント＝CA）として活躍していた人が、企業や団体にマナー講師として招かれるようになり、しだいにマナー講師という肩書きが定着していったといわれています。そのため、日本では航空会社のCAがセカンドキャリアとしてマナー講師になる、というキャリアステップが確立されています。

《仕事内容と活動フィールド》

ビジネスマナーのマナー講師は、企業でビジネスマナーを教えるのがおもな仕事になります。なかでも、新人研修のなかのマナー研修がメインフィールドとなっています。

一方、エレガンス系の講師では個人がおもな対象となるケースがほとんどです。そのため、自分で集客をして、個人からいただく受講料が収入となります。初めはなかなか人が集まらないので、生業《なりわい》と言えるようになるには、時間と実績の積み重ねが必要になる世界です。

マナー講師として生計を立てられるかどうかは、企業や団体などから研修の仕事で呼ばれるようになることが一つの目安と言っていいでしょう。しかし、オンラインでのビジネスが普及している現在は、それを活用して個人を対象にビジネス化することも可能となっています。

《どのようにして収入を得ているのか》

ビジネスマナー講師の場合、講師の報酬は、発注元である企業から支払われることになります。といっても、企業から直接、受けとる人の割合は少ないのが実情です。

ほとんどのマナー講師は、講師派遣サービスを行う企業・団体などに所属していて、実際に企業からの依頼を受けるのはそうした企業・団体です。したがってオファーも報酬も、所属あるいは登録した企業・団体から受ける形が一般的です。所属あるいは登録する企業・団体が受けとる報酬から所定の割合で手数料を差し引かれ、マナー講師の収入として支払われることになります。

もちろん企業規模によって受け取る金額も変わります。名の知れた大手企業の場合は、新卒の採用人数も多く、その研修費用として千万単位の予算を確保していることもあるため、ある程度、まとまった報酬がもらえる可能性があります。

企業にもよりますが、20年前ごろは朝9時から夕方5時まで、途中1時間の休憩を入れた研修の金額は、高くて30万円、多くは10万〜15万円が相場だったといえるでしょう。それが、リーマンショック以降、不景気に陥ったことや、マナー研修会社が増えたことなどから、相場がくずれました。

また、地方は東京に比べて相対的に金額が低くなる印象が私にもありますが、地域によっても、企業規模によっても変わってくるので、ハッキリとした相場というものはない状況です。

このようななか、著書が売れたり、テレビの出演などで全国的にも名前や顔が知られたりするようになると、また事情は変わります。人気講師の場合は、企業から直接、オファーされることも増えます。その場合、登録団体から引かれる前の金額が提示されるので、そのぶん、自分に支払われる報酬も高くなります。

一方の、エレガンス系のマナー講師の場合は、一般のお客さまを対象にした1〜2時間のマナー講座を開催することが多いものです。通常、受講料は、対面で教えるリアル講座で5000〜1万円程度なので、人気の度合いと集客力によって収入は大きく異なります。1000人集まればまとまった収入を得ることができますが、ほとんどの場合は数人から多くても10人ぐらいといったところでしょうか。また、オンラインとなれば、さらにその金額は下がります。そうしたことから、エレガンス系のマナーの仕事だけで生活をするのは、現実的には難しいというのが実情だと思います。

とはいえ、マナー講師として人気になれば、エレガンス系のマナーでも出版社から本の執筆の依頼を受けたり、テレビや雑誌などのメディアの出演要請も入ってきたりもします。そこから関連する企画やイベントでの講演などにも呼ばれるようになり、また、企業の社内マナービデオへの出演や冊子の監修依頼があるときも。さらには、映画やドラマ、CMでのマナー監修やマナー指導の依頼が届くこともあります。メディアからの依頼は、テーブルマナーや日常のマナーにかかる、エレガンスマナー系がほとんどです。

《試験・資格》

マナー講師という職種はどこかの行政機関の管轄にもなっておらず、特別な国家資格などもありません。したがって、どこかの公的機関から監督や指導を受けることもありません。

以上が大まかなマナー講師という仕事の概要です。

日本のマナー講師は玉石混交《ぎょくせきこんこう》

前述した通り日本のマナー講師は、まず70年代にJALのCAがセカンドキャリアとして活躍をする職業として定着していきました。その後、JALに追随するようにANAのCAがマナー講師になるルートを開拓したと言われています。このように、マナー講師は航空業界と縁が深いと言えるでしょう。

その後はテレビ局のアナウンサーやイベント関連企業で司会を務めていた人たちが、話しかたの講師を経由してマナー講師になるルートも出てきました。

こうして日本のマナー講師はその多くが外資系航空会社を含む元CA出身者で、ごく一部にアナウンサーや司会業の人が占める——という形で推移してきました。

少し前までマナー講師のマーケットは元ＣＡの人たちの独壇場でした。

しかし、最近ではマナー講師を養成する専門の会社が続々と登場しています。ここ10年ほどで安価なマナー講師養成講座も登場しており、だれもがマナー講師になれる時代に突入しています。そこから輩出するマナー講師のほとんどは女性で、年齢は30代以降の人たちが多いと聞いています。こうした背景から、現在のマナー講師は玉石混交の様相を呈しています。

私は、自身が確立してきた「真心マナー」というものを世の中の方々にお伝えすることを第一に、これまでそれに相当の時間と労力と金銭の投資をしてきました。そして、私自身が航空会社出身者でもなければ、アナウンサー出身でもありません。それでも、マナー講師として活躍できるということを証明するために、私と同じようにそれを目指す人たちのためにも、おこがましくも努力してきたつもりです。

ほかのマナー講師の人たちをつぶさに見てきたわけではありませんが、折に触れ、さまざまな会場で触れ合ったり、最近ではＩｎｓｔａｇｒａｍやＣｌｕｂｈｏｕｓｅのようなＳＮＳの場で知り合ったりすることもあります。そうした経験のなかでも、マナー講師としての志《こころざし》や知識量、真剣さ、自覚などに、かなりのばらつきがあることは否めません。

たとえば「お作法」「お紅茶」など、何にでも「お」をつける人が目立ちます。それはマナーでも何でもなく、上品に見せようと、うわっつらだけの見せかけにすぎないのでは、と感じることがあります。まるでコーヒーにも「お」をつけてしまいかねない勢いです。こういう人たちの考えにはマナー＝上流階級といった安易な結びつけがあるようです。そういえば20代のころの私は、マナーは上流階級の人が学ぶもの、という考えかたに反発をしていた時期がありました。マナーは相手の立場に立つ思いやりの心であり、階級に関係なく、万人が持ち合わせているものだと願い、活動をしてきました。

もちろん十人十色で、それぞれにマナーを学ぶ気持ちや目的は異なっていていいのです。そういうことを「マナー」とし、それを学ぶことが好きな人もいるわけですから、それはそれで私が口出しすることでもありません。

現在のマナー講師には、いろいろな考えを持ち、いろいろな人がいて、それぞれに支持する人がいるのが現状です。

醜いマナー講師、美しいマナー講師

マナー講師が数多く誕生し、競争も熾烈《しれつ》になってきたように感じています。先人やすでご活躍の先生を敬うことなく、ほかの講師の悪評を立てるなどして、人の足を引っ張る人もいるようです。たとえば私の書籍のアマゾンレビューには「一流エアラインの出身者でもないくせに」などの悪評コメントが存在します。また、テレビに出演すれば必ず、私が伝えることに「間違っている」というクレームがテレビ局に入ります。その内容を聞くと、明らかに同業者としか思えないような批判がほとんどです。なかには、「私は西出さんより若く、同じことを言っているのに、なんで、CA出身者でもない西出さんがマナー講師として紹介されるのか」というクレームまで入ってくると聞かされました。さすがにこれには返答のしようがありません。もちろん、こういう人たちはごく一部にすぎないと信じたいですが……。

そのようなか、自社のマナー講師にはそういう人が存在しないよう、講師としての資質以前の、人として相手を思いやるマナーある講師の育成に心血を注ぎました。しかし、人数も多くなれば、全員が私と同じ考えや気持ちであり続けることは難しいのだ、ということも体感しました。

以上のような経験を経て、このマナー講師という世界の一人でいることが嫌になった、というのも本音です。

円滑な人間関係を構築するためのマナー。それを伝える人たちは、心美しい人であってほしいと願うばかりです。

前項の通り、今でも階級社会の国はあるわけですから、そういうことに憧れたり、それを目指したりすることもいいことなのでしょう。しかし、忘れてほしくないのは、見せかけの「型」で誤魔化そうとしないこと。背伸びをすることが決して悪いとは言いません。そうすることで、その世界に身を置き、自然とその素養が身につき、本物になっていく場合もあります。しかし、表面だけをとり繕《つくろ》っても、いずれそのメッキが剥《は》がれることがあります。妬《ねた》みや嫉妬は醜い。自分の心と向き合い、清浄心でマナー講師という職業と向き合ってほしいです。

もちろん、私自身、醜いマナー講師にならないように、つねに自身の心の状態をよくしておくことに努めています。

ロンドン在住の日本人で親しくさせてもらっているご夫婦がいます。このご夫婦は、それこそ世界中の貴族の方々と交流があり、上流階級に身を置いていらっしゃいますが、不要な「お」をつけることもなければ、上品ぶることもありません。そしてその豊富な実体験や教養から、奥さまはマナーの指導もなさることもあります。私も本場イギリスのアフタヌーンティーの世界を、座学と実体験で学ばせていただきました。

このご夫婦とご一緒させていただき、いつも感心することは、「優しい」ということです。人を陥《おとしい》れたり、ネガティブな言動がありません。相手のミスや無礼に指をさすこともしません。だから一緒にいて心地よいのです。人に対して慈悲深さがあります。ゆえに美しさを伴うのです。

世界中に、マナーを伝えている人はたくさんいます。マナーの型も大事ですが、その伝えかたや、その人自身が、その心を美しく磨くことに日本のマナー講師の未来はあると感じるのは、私だけなのでしょうか。

金太郎飴方式で量産されるマナー講師

マナー講師の養成に関して、問題だと感じるのは、マナーの本質を学ぶことなく、一つの講習をパッケージとして覚えるだけの教育が行われていることです。

どういうことかというと、ある講習内容を丸ごと覚えて、その通りに実践できればOKとする指導法が横行していると聞きます。

台詞《せりふ》、仕草、語りかけかたをそっくりそのままシナリオ通りにできるよう指導している。つまり「金太郎飴方式」の量産体制ができあがっているのです。

そんな研修内容に疑問を感じた人が、以前より、私直伝の講師養成講座や、コンサルティングを受けにきています。その生徒たちが口をそろえ「あの内容ではホンモノのマナー講師にはなれないと気づいた」と言います。

「台詞を覚えるだけで本当にマナー講師と言えるのか疑問になり、ほんもののマナーを教わりたいと、ひろ子先生の門を叩いた」と説明してくれます。またコロナ後は、私の主宰するオンラインアカデミーに入ってくる人も増えています。オンラインであれば、地方や海外の方も、気軽に参加でき人気です。

以前から、弊社は、数々のマナー講師養成講座を受けた人たちが駆けこむ、最後の砦になっている面もあります。それでは、その人たちが目指している〝ホンモノのマナー講師〟とは、どういうものなのでしょうか。

業界に基準があるわけではないですが、私は一つの定義を持っています。それは「自分が実体験したことを伝える」ということです。

本書では「マナーを教える」と記述してきましたが、じつは私自身はマナーを「教える」とは言いません。マナーを「伝える」と言います。これは、私のマナー講師養成講座を受講する人たちに、一貫して伝え続けていることです。それは「教える」という上から目線の、勘違いをしない講師としての心がまえとしているからです。

私が伝えるマナーはすべて、自分で体験して身につけてきたことです。自分が体験したことですから、自信と確信をもって人に伝えられるのです。たとえば居酒屋チェーンの店舗スタッフ向けの接客研修なら、自分が学生時代に居酒屋でアルバイトをしたときの経験をフルに生かします。クリーニングチェーンのスタッフ研修ならば、私は事前にクリーニング店で働かせてもらったこともあります。

保険の資格も持っているので、保険外交員のマナー研修などではその知識を生かしているし、営業接客、接遇研修もそれぞれに経験があるからこそできます。

エグゼクティブやトップのためのマナー指導ができるのも、自分自身が会社を経営しているからこそ、彼らの気持ちがわかり、その気持ちに寄り添いながらその人とその企業にとって必要なことをアドバイスできるのです。

また、パーティーのマナー指導をするなら、少なくとも国内外のＶＩＰが集《つど》うパーティーの席に参列した経験があってしかるべきです。そういう場に参加すれば、日本のマナーの教科書に書いてあることと、実際のパーティーで行われているマナーや儀礼がどれほど違うかもわかります。しかも時代によってマナーが変わっていく状況も見ることができます。現場を知らずして、本当に役に立つマナーを指導できるわけがないと私は考えています。

ちなみに新型コロナウイルスの影響で２０２０年からは参加できていませんが、英国ロイヤルアスコットや、ヘンリーロイヤルレガッタなどの社交の場に、参加したこともあります。じつをいうと私自身、パーティーという場は好きとは言えません。どちらかというと、パソコンに向かって仕事をしているほうが好きです。しかし、なぜ私が好きでもないパーティーに参加するかというと、そういう場に身を置くこともマナーの専門家としては勉強となり、マナーを伝える者としての素養だと思っているからなのです。

もう一つ大切にしている信条があります。それはビジネスマナーを伝える以上、そのマナーが収益に結びつかなければならないということです。

ビジネスマナーとは、まずはお客さまにプラスになることを与えて、その結果、ビジネスで成果を得るための気持ちと立ち居振る舞いなのだから、それが収益に結びついていなければ意味がありません。その点、私自身は会社の経営者です。その経験から、ビジネスで信頼され、大きな仕事をまかされる人とはどんな人なのか、熟知しているつもりです。

だからこそ自信を持ってどの階層に対しても、どうすれば結果と成果を出すことができるのかを伝えることができます。

教科書となる本を読み、動画などで学んだだけで、肝心のビジネスの現場がわからない人と私とでは、指導内容に明らかに違いがあります。

ついでに言うと、私は簿記の資格も持っており、貸借対照表（BS）、損益決算書（PL）を見て、経営状態を読み解くことができます。もちろんこれらは講師に必須の知識ではありませんが、ビジネスマナーを伝える者に必要な素養として資格を取得しています。

単なる知識だけで自分のマナーは語れません。本に書かれてあることを覚えて一人前になったつもりでも、それは免許とり立ての人がプロドライバーを名乗っているのと同じくらい危うく見えます。

マナー講師全員にそこまでを求める気はありませんが、少なくとも伝える内容についてその現場を知っておくことは、受講者に対するマナーではないかと思います。マナー講師と名乗り、それを業として伝える以上は、自分で実践できることが前提だと思います。

単純な話、ふだんから周囲の人たちに気持ちのよい表情やあいさつができていない人が企業研修の場で「笑顔が大事です」「お客さまにはていねいなあいさつを心がけましょう」と伝えたり、所属している企業に対して報告・連絡・相談・確認をしない、マナー講師同士があいさつをしない、上司や仲間の悪口を陰でコソコソと吹聴したり……。そういうマナー講師がお金をいただいてマナーを教えたりしているということに、私は疑問を感じています。

壇上に立っているマナー講師が、業として普段から実践している人なのかどうかは、じつは講習を受けている受講者たちがすぐに察知できるものです。

今、マナー講師が炎上ネタになってしまったのは、このようなマナー講師に触れた受講者たちの思いの積み重ねかもしれないと感じています。

目立つために新種のマナーをつくるのは危険

マナー講師の需要は、つねにあります。しかし、供給量が多すぎれば次第にパイの奪い合いになっていくのがビジネスの掟です。大手企業からの研修依頼やメディアへの出演などは、限られた人たちの舞台。実績のあるマナー講師も多いだけに、新人マナー講師が割って入るのはなかなかたいへんだと思います。

何かで目立たなければ、と焦るのかもしれません。折も折、今、時代は大きく動いていて、世の中の仕組みも常識も大きく変わっています。昔から伝わってきた常識やしきたりよりも、変革が求められ、変わることを歓迎する空気が広がっています。

そんななか、何か世間の目を引く新しいマナーを提唱することで個性を発揮しよう、注目を浴びようと思うのは、ある意味、自然なことかもしれません。

今はSNSやブログなどでだれにでも発信手段があります。そういうツールを駆使して、なんとか世の中の人に自分の名前を知ってもらいたいと思うことでしょう。そんな競争と時代のムードのなか、新種の〝失礼〟をつくり出すマナー講師が増えているのはしかたないことかもしれません。

ですが、まだ実績も知識もない人が、知恵をしぼって新しいマナーを広めようと試みるのは、危険な賭けです。マナーとは長い時間をかけて人々に受け入れられ、認められ、しだいに社会に定着していくもの。奇妙なマナーを安易に語ってしまうと、たちまち人々の信頼を失いかねません。

マナーを語るときに外せない「守破離《しゅはり》」。まずは、先人が築いてくださったマナーの型を基本として尊重し、そこから経験と実績を積み、信頼を得て、それをTPPOに応じて、相手にとってプラスとなる型を、アイデアの一つとして紹介をする――そのようなスタンスで臨むと、誤解されることも軽減されるのではないかと思います。『伝え方が9割』(佐々木圭一著)というベストセラーがありますが、マナー講師は〝伝え方が10割〟です。

この章ではマナー講師の仕事内容について詳しくお伝えしました。次の第4章ではマナー講師に仕事を発注する企業側の立場から、マナー講師の置かれた環境について説明いたします。

第4章

企業がマナー講師に期待する姿

企業で行われるマナー研修の概要とは

新人向けのマナー研修で伝える内容は、ほぼ固定化していると言っていいでしょう。ご存じの通り、ビジネスの場で認められる身だしなみとしての服装やヘアメイク、あいさつのしかた、お辞儀のしかた、名刺交換のしかた、電話対応、メールの書きかたなど、ごく基本的なマナー全般を一通り伝えます。さらに、働きかたが変われば、テレワークのマナーや、オンラインでのマナーもとり入れてほしいと要求されますし、それに伴い、希薄になりがちなコミュニケーションのマナーの依頼もあります。

企業で行われる研修はそれだけではなく、階層別研修というものもあります。たとえば入社2~3年向け研修、入社5~6年向け研修、中間管理職向け研修、リーダー研修、そして役職付の人を対象にしたエグゼクティブ研修など。部下を持つようになった際のマナー、リーダーシップをとるためのマナー、そして経営層に近い人のマナーと、年齢や社内の立場によって求められるマナーがあるため、それぞれ対象をしぼった形で行うことになります。

階層別のマナー研修では、マナーの知識だけでなくコーチングや心理学、カラー（色彩）などの専門的な知識を兼ね備えた講師なども招かれます。その企業が社員に学ばせたい内容によって、講習の内容を決める形になります。

それとは別に人気なのが、営業・接客・接遇研修。サービス業では、とくにマナーは重要視されるので、現場に立つ人たちの研修に力を入れる会社はとても多いのです。店舗接客では、マナー講師は顧客満足などの知識が必要とされ、感じのよい応対によって売上を上げていくためのマナーを教えるスキルが要求されます。

マナー講師は、こうした階層別研修や営業・接客・接遇の研修が行えるように、自らコーチングを学んだり、キャリアコンサルタントの資格をとったり、NLPなどの心理学系の資格をとる人もいます。最近ではアンガーマネジメント資格を取得する人も増えています。また、ファシリテーション（円滑な会議の進めかた）の知識も求められるため、ファシリテーション研修のできるマナー講師は、その仕事の幅がさらに広がり、有益となります。事実、私も秘書検定試験とカラーの資格を取得しています。なかでも『1996年度 財団法人実務技能検定協会主催 日本技能検定協会秘書部門』においては「日本技能検定協会連合会会長賞」を受賞しています。航空会社の出身者でもない、何の後ろ盾もない私は、信頼してもらえるよう、このような実績をプロフィルに書いてきました。

マナー講師として活躍して収入も得たいのであれば、企業のニーズに応じて、必要とされるスキルを各自が自助努力によって身につけ、少しずつフィールドを広げると同時にステップアップしていく——それがマナー講師の世界です。

時代とともに簡略化する企業のマナー研修

マナー講師が年々増加している反面、企業でのマナー研修規模は全体的に縮小の傾向にあると感じます。私の経験上、イギリスから帰国後の2003年ごろは新人研修で、丸一日使ったマナー研修がめずらしくありませんでしたし、2、3日かけてのマナー研修も多く存在していました。しかし、最近ではニーズはあるもののマナー研修そのものに予算も日数もあまりかけない企業が増えてきました。新卒採用時からすでに即戦力を採用する方向に舵を切ったようにも見えます。

それを見越して学生側も、企業へのインターンシップや各種アルバイトで社会に触れ、そしてeラーニングなどで一通りのビジネスマナーを自主的に受講して、就職試験に臨んでいます。

新卒入社の社員でも、一通りのビジネスマナーのスキルがある程度は備わっていることを前提に、研修が組まれることが増えています。社会人になるまでまったくの遊びモードだったバブルのころとは、比較にならないほど、新人の段階でマナーの型が身についている人も多いです。弊社のクライアントも、内定者に事前にビジネスマナー本を配布したいということで、拙著のビジネスマナー本を購入し、ビジネスマナーの型の部分は、ある程度、自身で学んでおく体制をとる企業が増えています。

しかし、ビジネスマナーでもっとも大事なことは「学生と社会人の違い」を知り、「なぜ、マナーの習得が大切なのか」その意義を理解したうえで、型を身につけることです。そこで、研修前にはある程度のマナーの型を書籍などで学び、実際の研修では「学生と社会人の違い」「なぜ、ビジネスマナーを習得するのか」などのマナーの本質の部分に最も重きを置いた研修を展開します。型の部分は、机上の空論ではなく、実際に体感していただくことで、身につきます。おかげさまで本年の弊社《へいしゃ》上半期の企業研修アンケートでは「研修の内容、講師の評価」は、98%が〝たいへんよい〟そして「研修の内容を理解できたか」は、100%という結果でした。

というわけで、最近の企業の新入社員マナー研修では、半日の時間を割くのは長いほうです。1~2時間の研修も主流になってきて、2時間程度で教えられることは限られます。だからマナー研修は、形だけを伝えるだけのものになってしまいました。それでも私は「マナーの本質は心」であることは必ず触れます。そういう講師は今までにいなかった、といわれます。

　マナー研修といえば「一日がかりで行うもの」と思っているマナー講師は多いようです。それは、一日マナー研修のプログラムで、自身が指導を受けているからです。また、研修会社もそれを商品として販売するからです。しかし前述の通り、今は企業側の事情もあり、マナー研修に時間をかけられる企業は限られています。クライアントの要望で「2時間でマナー研修をやってほしい」と言われれば、それに対応できるのがプロのマナー講師です。とはいえ、2時間のなかでどのように研修を進めたらいいのかわからないマナー講師も多いと思います。ですから私は教え子たちをアシスタント講師という立場にして同行を許可し、私の2時間や4時間、1日や2日間など、さまざまなパターンでの研修を無償で受けてもらいました。オンラインでの研修であれば、それも視聴できるわけです。

　このようにクライアントの意向に応じてカスタマイズできるマナー講師は、その仕事の幅も広がります。今までは、与えられた時間のなかで型通り教えるのが、マナー講師の仕事だと思われてきました。マナー研修はパッケージ化され、ゆえに安価にもなりました。だから、マニュアルを覚えてマナー研修を行えば、だれがやっても大差ありません。

もちろん、数クラスあるマナー研修では、講師の言うことが異なっていては問題になります。だから企業側からは、どのマナー講師にも同じ内容を伝えることを要請されます。

安価で大量にマナー講師を養成している団体や企業も、そうした企業側の事情や要請に従って、パッケージ的な研修に向いたマナー講師をつくっている……ということなのでしょう。だから、今のマナー講師はどの企業に行こうと、それがどんな職種だろうと、業界だろうと、同じことしか教えられません。

しかし、すべての企業がそういうマナー研修を望んでいるわけではありません。企業によっては、「マナーの型は自社の社員でも教えることができます。しかしなぜそうするのかは、どう伝えればいいのかわからない。西出さんに講演をお願いしたい」と相談されることが多くあります。こんなときは、新入社員向けのマナー研修として「学生から社会人への意識換え、そして、マナーの本質と、なぜこのような言動をするのか」だけを伝える依頼も受けています。

私は、研修を受けてくださる人たちと研修会場で会ってから、その場でとっさに話す順番や伝え方の構成を組み立てます。受講者に応じてその伝え方を変えるわけです。だから私の講義は、二度と同じ内容の講義はできません。

あいさつのしかたを手早く覚えさせたい企業

マナー講師がマニュアルに沿ったパッケージ的な研修を行うようになった背景には、企業側の意向も関係しています。むしろ企業が「型だけ教えてくれればいい」というオーダーをするからです。

それにも理由はあります。たとえば、新入社員マナー研修を5クラスに分けて開催する場合、マナー講師は各クラスに一人、最低でも5名必要となります。このような場合、講師それぞれによって伝える内容が異なると、同じ会社の同じ新入社員という環境のなかでは問題が生じます。その事情もよくわかります。

それでも私は、「型」以前の「心」の大切さを伝えるほうがよいのではと思うのですが、打ち合わせの段階から「心の話はいいから形を教えてくれ」とハッキリと言われることも少なくありませんでした。クライアントからそのように言われてしまうと従わざるを得ないわけですが、それでも私は必ず冒頭もしくは最後、または要所でマナーは心だということは伝え続けてきました。

こんなことを言うと生意気に思われるかもしれませんが、私の目から見ると、企業がマナーの本質を理解しておらず、とりあえず表面的な「型」だけをとり繕《つくろ》っていればよいと考えているように見えます。言われたことを、ただ型で覚えても、それが実際の現場で、どれだけ生かされているでしょうか。型で覚えたことは、少しでも状況が異なるとどうすればいいのかわからず、臨機応変な応対ができない人材になってしまうのです。またそれには限界が来て、仕事がおもしろくなくなり、やがて離職へとつながります。マナー研修を行うことで、離職率の低くなる結果を出すことも大事です。弊社の新入社員研修を受けた企業からは「おかげさまで新人たちは一人も離職することなく、がんばってくれています！」「配属先の上長から『今年の新人はいいね！』と高評価です」とのご連絡をいただきます。

ビジネスのさまざまなシーンで、マナーはとても大切で、そのマナーは、場の状況を察し、相手の立場に立ってみる「心」から始まります。その心の部分ができあがっていなければ、これから何十年と始まる社会人生活のなかで苦労するのは必至と言えます。私自身がそうであったから、皆さんには苦労してほしくない、という強い思いがあります。

それほどまでに新人研修のなかでのマナー研修は大切な時間であるし、新社会人のこれからを左右するものだと、私は思っています。同じ思いを、すべての企業の担当者にも共有できるようになることを切に望んでいます。

なお現在では、弊社にマナー研修を依頼する企業は、「学生気分から、社会人としての意識替えを行ってほしい」「なぜこのようなマナーの型になるのか、その理由を伝えてほしい」「マナーの本質を理解させ、臨機応変な対応ができる、心の折れない人材育成をお願いしたい」との要望がほとんどを占めます。受講対象者が何百人であろうが何千人であろうとも、マナーの心、本質の部分は、私が一人で全員に同じ場所で同じ時間に同時に伝えます。そして、電話応対などのマナーの型の部分はクラスに分かれて、それぞれに弊社の各マナー講師が担当するようにしています。

大手企業はルーティン化……中小は熱心だが低予算

前項の内容に関連して、最近の企業の研修担当者について触れておきたいと思います。担当者と接しているときに、時に予算の消化のためにやっているような雰囲気を感じることがあります。もちろん企業も本気で研修してもらいたいという思いはあると思いますが、全体としてルーティン化してしまって「今年はこんな研修をしてみたい」「今の新人にこれを身につけてもらいたい」といった本気の熱意が感じられない企業もあります。どこか表面的な、ただ「研修をすればいい」というように、漫然と行っている場合があります。

一方で「厳しくしてほしい」という要望もあります。さすがに最近はそれも減少の傾向にありますが、マナーを厳しく教えることによって、社会の厳しさを社内の人からではなく、外部の人（マナー講師）から伝えてほしいという意図があるようです。

社会の厳しさは本来、仕事をしていくうちに覚えていくもので、むしろ先輩社員である人事部門の人たち、とりわけ研修担当の方々が新人に伝えることではないかと思いますが、最近ではまったくその正反対の現象が起きています。

これが過剰になると、採用担当側が、新入社員をほとんど〝お客さま扱い〟する事態となっています。

その原因は、せっかく人事部門がお金と労力をかけて選りすぐって採用した人材たちだから、貴重な存在だ――という思いがあるからかもしれません。パワハラだのなんだの、ハラスメントと言われたくないという警戒心も少なからずあると思います。その気持ちはよく理解できます。

ただもっとも大きな要因は、研修後のアンケートでなるべく好評価を得たい、という事情も重なっているのではないでしょうか。

アンケートの結果が悪ければ人事部門の研修担当の社内評価につながるわけで、それは今後のキャリアや収入に影響してきます。だからまるで腫《は》れ物を扱うような態度になってしまっているのです。

そういう先輩社員の態度こそが、新入社員たちを甘やかすことになり、折り目のない新入社員ができあがってしまうように感じられます。もちろん、私はそんな企業担当者の皆さんの気持ちもわかりますから、担当者の方々のためにも、絶対的に高評価となる結果と成果を出す研修を行います。

現代は、厳しく接すればいいというものでもなく、大切なことは、新入社員や部下後輩、上司先輩たちと、どれだけ心を開いて本音のコミュニケーションがとれるか、にあります。要は、相手に自分を受け入れてもらわなければ、何を言っても相手には通じません。相手が自分を受け入れていないから、言われたことを行動に移さないのです。気持ちがないのに、嫌々、行動されるのも不本意だし、おたがいの気分が悪いままでは何事もうまくいきません。双方、納得し合い、よい関係を築いていくのが理想でしょう。

研修時に私がつねに大切にしていることは、受講者の方々との本音のコミュニケーションをとることです。だから、相手がこのままの状態では社会人生活をうまく営めないと感じたときには叱ることもあります。厳しいと思われることもあるでしょう。しかしそこにマナー、相手を思う気持ち、愛があれば、初対面であっても、たった1時間の研修であっても、わかり合えると信じてマナーを伝えています。

先述の通り、少し厳しく指導するだけですぐにパワハラだと騒がれることもあるため、なるべく社員に厳しくしたくないという思いもわかります。これも現代の企業が抱える事情なのでしょう。マナー講師は会社に代わってあえて厳しさを植えつける役割を求められる場合もあります。そのため、マナー講習が礼儀作法の講習に変わってしまう傾向があります。マナー講師も企業から求められ、業として請け負う以上は、その要望に応えなければならない現状があります。

……そういう事情で、マナー講師の印象はますます悪くなるばかりなのです。

また、ひと口に企業といっても、その規模に応じて研修担当者の意気込みにも差があります。大手と違って中小企業の場合は、社員のマナーが死活問題に発展することもあるだけに、中小企業のほうが、その企業も研修担当者も熱心だという印象を受けます。自社の社員に何を学ばせたいか、何を身につけさせたいかを熱心に語り、相談してくる担当者がだんぜん多いのです。その会社にとってマナー研修が貴重なものだという思いがひしひしと伝わってきます。

私としても、何としてもこの会社がマナーを通じて発展するよう応援したいという気持ちがあふれてきます。そうした思いで一人ひとりに本音で語りかけたマナー研修は、社員の心に響き、自然に身につき、人財へと進化してくれます。そうなることで、社会貢献につながるわけですから、マナー講師の仕事は責任もあるが、やりがいもあります。

人には最初に覚えたことを正解と思いこむ性質がある

長年マナー講師をやってきて「人は最初に学んだことを正解だと思いこむ」という性質がある、というのはたしかな事実だと実感しています。

勉強方法でも、ご飯の食べかたでも、あいさつのしかたでも、人は最初に習ったことが世の中で唯一の正解だと思ってしまう習性があることを、私はこれまでの経験で学びました。

礼儀作法を最初に、だれに教わるかといえば、多くはその家庭環境が影響していることでしょう。もちろん、そうと言い切ることはできないとも理解していますが、いずれにせよ、人はさまざまな環境で生まれ育ちます。だから、マナーと家庭環境を結びつけて判断すること自体、ナンセンスだと思います。

前章でも述べましたが、私は、マナーの身につけかたは上流階級がどうこうなど関係ないと思っています。ちなみに私自身、一般の家庭で生まれ育ちましたし、第7章で詳しくお伝えしますが、私の実家は、あまり幸せだとは言えない家族の歴史を背負っています。

社会に出たときのマナーは一から身につけようという気持ちが、それぞれの人のなかにあります。だから新入社員たちは、真っ白な気持ちで、マナー研修で学んだことを自分のスタンダードとして受け入れてしまう。だからこそ、新人研修はその人を左右する重要な存在なのです。

もし、最初に間違ったことを学んでしまったら、その後、かなり努力しなければ修正できません。マナーも同じです。あとで本当はこうだよと教えられても、どうしても心が反発して、それを受け入れることができないものです。むしろ間違いを指摘されたときに、自分を否定されたような気持ちになってしまうのではないでしょうか。それどころか、本来の正しいやりかたをしている人を見て、あの人は間違っているぞと言い出すこともあります。これはとても悲しいことです。

私は一般の人から「マナー講師のくせにマナーが間違っている」と指摘されることがときどきあります。よくよく話を聞いてみると、その人は新人のときに間違ったマナーを教えられ、ただ信じ続けているのでした。

名刺交換のしかたがその一例です。名刺は両手で受けとるのがマナーです、と教えられた人は、忠実にそれを実践します。そうすると片手で受けとる人を見て、失礼だと感じてしまう。こちらが「片手でいいんですよ」と何回言っても聞く耳を持ちません。

そういう人には、一からその理由などを伝えなければ、覚えてしまったマナーの考えかたや型を変えようとはしません。ビジネスというのはタイム・イズ・マネーで、名刺を両手で受けとろうとすると、名刺交換に2倍、時間がかかってしまうから、周りの人の時間を奪うことになるんですよと、ゆっくりていねいに、納得するまで説明してあげなければ何も変わりません。

マナー講師のなかには、1時間のマナー講習をするだけで、それを終えたらあとはお金をもらうだけ、といったアルバイト感覚で仕事をしている人もいるかもしれません。ですが、受講生のこれからの仕事人生を左右する、大事な研修を受け持たせていただいている――という自覚は忘れてはいけません。

どういったマナー講師が求められるのか

企業から求められるマナー講師には、ある種の傾向があります。

一つは先述のように、CA出身であること。マナー講師のなかで最も信頼が厚いのは

JALもしくはANAの元国際線CA出身者です。いまだにCA信仰は根強く、マナーを伝える人として30年のキャリアを積んできた私も太刀打ちできないほどの強力なブランド力を持っています。

一方で、系列の力も強いものがあります。財閥系企業なら、どこの団体がその系列でどこ系列のつき合いがあって、すでにマナー講師を派遣してもらうところは決まってて……といったところも多いです。なので、どうしても研修自体が〝おつき合い〟で行われているように感じてしまいます。

企業の研修担当者が、マナー講師といえば航空会社出身の元CAだ、として彼女たちを求めるのであれば、それはそれでいいことだと思います。しかし私はときどき思うのですが、CAの方々は接客サービスのプロかもしれませんが、飛びこみ営業やデスクワークのような経験は少ないと思います。そのような人たちが、本当の意味におけるビジネスマナーを教えることはできるのかな、と疑問に思うこともあります。

それでも日本の企業がCA出身者をありがたがるのは、ビジネスということとマナーを切り分けてしまっているような気もします。ビジネスマナーは企業にメリットをもたらし、収益を上げるためのものであるということが、企業側が理解できていないようにも思います。それゆえに、売上に直結しないマナーとマナー講師を見下している人も多いのです。

本来のマナーとは〝相手の立場に立つこと〟。ですから、真のマナーを身につけている人は、お客さまの立場に立ってその気持ちがわかります。わからなくてもわかろうと努力します。名刺交換の手順や電話の出かたがどうこうよりも、大切なことはこういった心がまえにあります。相手の立場に立ち、相手のニーズやウォンツを提供するのが本来のマナーです。

だからこそ、ビジネスにマナーは必須であり、ビジネスマナー研修があるわけです。ちなみに、同じ仕事でも「ワーク（work）マナー」や「ジョブ（job）マナー」という言葉は聞いたことがありません。ここにビジネスマナーの真の意味をご理解いただけると思います。

第4章では、企業におけるマナー講師の位置づけを中心にお伝えしました。次の第5章ではマナー講師とメディアの関係について解説します。

第5章

メディアが演出するマナー講師の虚像

メディアに登場するマナー講師はごく一部

メディアにマナー講師が頻繁《ひんぱん》に登場するようになったのは、2000年代になってからと記憶しています。2006年ごろに一種のマナーブームのようなものがありました。それ以前は、いつも着物をお召しになっている、楽しく話もできるマナーの先生がお昼の人気番組『笑っていいとも』に出演されるなど、この番組を機にマナー講師という存在を知った方もいると思います。

同時にそのころ、マナーに関する本がよく売れるようになりました。学研プラス（現Gakken）から発売されている拙著『お仕事のマナーとコツ』が発売されたのも2006年のこと。それが28万部を超える大ヒットになりました。

そんななかで、2008年頃からは、マナーといえばこの先生というくらいのスターが登場しました。テレビなどのメディアで「マナー講師」という肩書をよく見かけるようになっていったと思います。おそらく皆さんにもマナー講師といえばこの人という存在がいるのではないでしょうか。同時にその人の姿を見て、マナー講師のイメージを思い描く人も少なくないでしょう。

しかし、メディアに登場するマナー講師はごく一部にすぎません。その選ばれかたはそれぞれの媒体、企画、担当者たちが求めるマナー講師像にぴったりの人であったり、芸能プロダクションに入っているマナー講師だったりと、少し偏りがあるように思います。そしてその人たちは、やはりどこか個性的な〝キャラ〟が立っていると言えます。ゆえにメディアに登場するマナー講師を見て、それがすべてのマナー講師の典型であると思うのは間違いです。

お笑い芸人やタレント、俳優たちにもさまざまなタイプがいるように、マナー講師にもいろいろなタイプがいます。

ぜひとも、ここは一般の方々に理解していただきたいポイントです。

メディアでは、マナー講師が厳しく指導することで、叱られた芸能人たちもたじたじになり、そこから笑いが生まれる傾向があります。ゆえに出演するマナー講師は、番組制作陣から「厳しめにお願いします」と言われることもなきにしもあらず……。

また、ＹｏｕＴｕｂｅの企画でも、厳しめに行うことで人気となる傾向も否めません。その姿を見て「マナー講師とは厳しくて怖い存在である」というイメージが社会に広まった感触があります。

しかし、先の通り、マナー講師と名乗っている人たちのすべてがそういうスタイルで指導を行っているわけではありません。また、ふだんからそうした指導をしているかどうかは、実際の研修として受けたことがないから私にはわかりません。厳しいからよいとか、悪いとか、その視点からだけで決めつけることは不可能です。

いつも、それぞれの人にそれぞれの事情がある、と私はそう思っています。

ただ、マナー講師も、それを業として行う以上は、クライアントの意向に応えていくことも一理あります。

以前、私はメディアで活躍している、ある二人のマナーの先生方と実際にテレビ番組の収録でお目にかかったことがあります。タイプのまったく異なる先生方ですが、共通していることは、「プロ意識」が徹底していた、ということでした。二人とも番組を制作する立場に立ち、その期待に応えようとする姿に、感銘を受けたことは今でも鮮明に覚えています。

その後、一人の先生とは、書簡のやりとりをさせていただいていました。これがまた感動でした。年下の私に対しても敬意ある宛名の書きかたなど、まさにこれがマナーの先生が書かれたマナーの宝庫と言えるお手紙なのだ！　と興奮しました。これは私の宝物として今でも大切に保管しています。

メディアは何を重要視しているか

もちろん、どんなマナー講師が選ばれるかは、メディアにもよります。たとえばテレビなら、そのテレビ番組の企画の一つとして呼ばれるわけなので、プロデューサーやディレクターがその企画で思い描くようなことを〝マナーの専門家〟という立ち位置で伝えてくれる人を選びます。

今までの私の経験でわかったことは、番組はそのマナーが正しいか正しくないかということをその道の専門家から伝えてもらいたい、そしてその責任はマナー講師にあるという事実です。ですから「マナー講師の○○さんによると」と紹介し、あくまでもその内容は出演しているマナー講師が言っていることであり、番組や局には責任はない――という姿勢であることがほとんどでした。

とくに民放テレビ局の番組では、おもしろいかおもしろくないか――つまりは視聴率をとれるかどうかがもっとも重要なことです。

それだけに演出も過剰になったり極端になったりしがちです。マナー講師にも「できればこうしてほしい」「無理はしなくていいけど、なるべくこんな感じで」とお願いしてくることがあります。それに応えるかどうかは、その人しだいだと思います。

また単にマナーという切り口だけではなく、冠婚葬祭などの一般的な常識に関する話題についても、番組からの出演依頼があります。その場合、番組側としてはすでに企画の具体的なマナーの内容が決まっていて、それをマナー講師のコメントとして伝える形になります。もちろん、その内容に関する確認はありますが、番組が情報として視聴者に伝えたいことを代弁する役割になるわけです。マナー講師という肩書を使って、ある種の信憑性《しんぴょうせい》を出したいのかもしれませんが、それは時に「番組ではなくこのマナー講師がそう言っているんですよ」としたい制作側の雰囲気を感じなくもないこともありました。

ただし、これもよいとか悪いではなく、マナー講師がその要請を受けるかどうかの問題。受けたからには、その仕事を全《まっと》うすればいいと思います。

そういう意味において、メディア側にすると「メディア慣れ」しているほうが、現場はスムーズに進むと言えるでしょう。そうした点から、マナー講師自身がＹｏｕＴｕｂｅなどで発信している映像を見たり、過去のテレビ出演の映像を見たりして、番組のディレクターがイメージに合うような人を選んでいることが多いと思います。

テレビ番組はスポンサーの意向もからんでくる

テレビ番組は視聴者のためにつくられますが、最終的にスポンサーとの関係もからんできます。そういうビジネスとしてのテレビ番組であるということを理解したうえで、マナー講師の立場で出演する姿勢は必要だと考えています。

プロデューサーやディレクターから専門家として出演を求められたマナー講師といえども、その番組の企画構成などの方向性はすでに決められていることもあり、それに合わせてコメントをするのを求められることもあります。

これまでありがたいことに多くのテレビ番組に出演させていただきました。そのなかで私が語るコメントがすでに台本に記されていることもあります。

たとえ私が話したい内容を伝えても、もしもそれがスポンサーをはじめとする上層部の意向にそぐわないものなら、やはり却下されます。そういうなかでも自分が伝えたいことを一つでも伝えられるよう、事前に交渉するなどして努力してきました。私の場合は「マナーとは型ではなく相手の立場に立つ配慮、心である」ということ。それに賛同して放送してくれる番組もあれば、抽象的すぎて視聴者に伝わりにくいから、という理由で放送に至らないこともあります。

ほかのマナー講師が、メディアの出演がきっかけで炎上するときは、おそらくそうした交渉もできないまま、メディア側が求める通りに話すしかなくなってしまったのではないかと想像しています。視聴者からすると、マナー講師が番組にしゃしゃり出てきて、上から目線で「あれは失礼」「これはダメ」と話す姿を見て、ふだんからこの人はこういう態度で人に接したり生活したりしているのだろう、と見るでしょう。でも実際は、番組側の意向に従っているケースも少なくないはずです。

問題は、その内容が炎上したり、クレームが発生したりした場合。そのときに矢面に立たされるのは、番組ではなく、出演したマナー講師となります。

マナー講師としては、依頼された内容を話したわけですが、結果的に自らの評判を落とす場合もあります。そうなったとき、テレビ局側は、あくまでマナー講師の発言であるとして、自らの責任を認めたり、謝罪したりすることはほぼありませんでした。

ですから、マナー講師の発言が問題になった場合、100％マナー講師の責任だとは言い切れません。

ただし最近、メディアはこれまでのクレームや炎上などの反省から、マナーの紹介方法を年々、改善してくれていると感じています。マナーが以前のように毎週レギュラーのワンコーナーとして見かけることは少なくなりましたが、それでも季節ごとには、そのマナーを視聴者に誤解を与えないよう、配慮して伝えてくれるようになりました。テレビ関係者も、こちらの言いぶんをしっかり企画に盛りこんでくれるようになったという印象です。とてもありがたいことだと思っています。

私のメディア失敗談

新聞や雑誌など印刷物のメディアは、基本的には文字数が限られています。編集部側の意図として、限られた文字数のなかでなるべく、おもしろく、かつインパクトのある内容にしようと試みます。

その点は書籍も同じではありますが、ボリュームが多いので、企画の方向さえ合っていれば自分なりの考えかたを表現できます。ところが新聞や雑誌はどうしても端折《はしょ》られることが日常的です。そのために、無理な言い切りかたをしたり、言葉足らずに陥ってしまって炎上――ということが頻繁に起こります。

よくあるのは、いくつかの事例をあげて説明したのに、一つしか例を示さずに結論を言ってしまうというパターンです。

たとえば、お中元のしきたり。ご承知の通り、北海道、東北、関東、関西、中国、九州と、地方によってその時期などは違います。本来なら、それぞれに紹介したいのですが、それだけの文字数は入らないということで、たいていは関東と関西だけになってしまいます。そうするとほかの地方の人から、うちの地域ではそうではない、といったクレームが入ります。

今では「地域や地方によって違います」と必ず一言、添えてもらうように伝えています。それができないのであればコメントは差しひかえたいと辞退することもあります。それも、これまでに手痛い批判やクレームを受けた経験があるからです。

私にはいくつかの炎上経験がありますが、なかでも初めて大炎上したときのことは、いまだに記憶に残っています。『デューダ』という転職情報誌で、会社を休むときのマナーについて質問されました。朝、通勤中に自転車に乗っていて転んでしまった。だからその日は会社を休みたいというとき、会社側にどのように言えばよいか……という質問でした。休みをもらう際のマナーについて問われたのです。

私はそれに対して模範的な申し出のしかたついてお伝えをしたところ、ネット上で次々と批判が上がり、炎上してしまいました。

会社を休むのは労働者の権利であり「申し訳ないのですが」「ご迷惑をおかけしますが」などのいわゆるクッション言葉をつけたり、「お休みをいただいてよろしいでしょうか」と上司に許可をもらうような言いかたをする必要はない――という声が一気に上がったのでした。

私はマナー、言葉の選びかたの話をしたつもりでしたが、読んだ人たちは、法的な労働者の権利としてこの問題を受けとっていたがための炎上でした。

もちろん、なかには「それをマナー講師に言うのはお門違いだ」と、私を擁護する声も上がってはいましたが、大勢は批判でした。

弊社ホームページの問い合わせ欄からも、反発のコメントが入りました。それに対し、ていねいに何時間もかけて説明のメールを書き、送信すると、なぜかリターンされてきました。おそらく、それはこのクレーム用に作成したメールアドレスで、事を成し終えたら削除されてしまうようでした。

当時は初めての大炎上ということもあって、そのときはかなりショックを受けてしまいました。媒体側にも相談をして記事を削除してほしいとも伝えましたが、そうすると記事の誤謬《ごびゅう》を認めることになるから、記事はこのまま掲載するということでした。その記事の批判を自分で見ることはいまだにつらく感じるのが本音です。炎上した過去を再確認するのはとても勇気がいります。

ここでの反省は、メディアの方々はその専門家だと信じ、最後の原稿チェックは内容さえ間違っていなければ、言い回しなどはメディア側の意向に完全にまかせていたこと。その後の教訓として、取材を受けるときは、原稿は必ず事前にその言い回しを含め、細かく確認と修正をさせてもらうことにしています。これを徹底しているつもりですが、それでもなお、まえがきでお伝えしたデマ炎上も起きています。

実用書を求める出版業界側の論理

また、書籍に関しては先ほども触れたように、企画の方向さえあっていればとくに大きな問題になりませんが、問題はその企画内容です。本は本で、知識として型や形式を伝える実用書にしたいと出版社サイドは考える傾向がいまだに強いと感じます。「心」よりも「型」を紹介する内容のほうが、実用的で長期間にわたって売れる——というデータがあるからのようです。

しかし、くり返しになりますが、マナーは型や規則やルールではありません。世の中に出回っているマナー本の多くが、マナー=ルールというイメージを植えつけてしまっています。出版社の方々には、もう少しマナーの本質をご理解いただきたいと思います。と同時に、それは読者にも問いたいのです。——何のためにマナーの本を読むのでしょうか、ということです。もちろん、私はマナーに関する本をたくさん執筆してきました。出版社からは実用書の企画を打診されることがほとんどでした。私が「マナーが生まれた理由を説明する本」「そのマナーをなぜ守らなければいけないのかを解説する本」を出したい、と申し出ても出版社に断られてきたのです。

検定試験に合格するための教本は別として、真のマナーを身につけるという目的を達成したいならば、マナーの型だけを紹介する本を学んでも、初対面の人が感心するような、はたまただれからも好かれるような思いやりのあるマナーは身につきません。だからマナー本は、マナーの本来の意味である、「思いやりの心」と「型」と「なぜそうするのか」という理由のトライアングル、三方の情報が必要であると考えています。

ウェブでマナーブーム……結果、炎上件数が増加

テレビや雑誌でのマナーブームから遅れること約10年。ウェブメディアにもマナーブームが訪れました。その先駆けとして登場したのは、2008年頃、日経BP社のウェブ媒体でした。ここでマナーの記事や動画の配信がスタートし、私も連載や動画出演でお世話になりました。その後、2015年あたりから、ほかのウェブ媒体でもマナーの

記事がとり上げられるようになり、2016〜2018年あたりがピークだったと感じます。私もそのころはネットメディアからのマナーに関する取材をたくさん受けていました。

ところが後半になるにつれて、ネット上で炎上騒ぎが頻繁に起きるようになりました。メディア側の対応は、一度炎上したマナー講師は起用せず、別のマナー講師を捜すということをくり返しているようにも思います。

しかし、ここでハッキリとお伝えしておきます。ウェブ記事は、メールや電話で取材を受けることがほとんどなのですが、そこに報酬が発生することはほとんどありません。現に私も数々のネット媒体からの取材を受けましたが、その8割は先方から無償という条件提示を受けて対応しています。また取材協力費といって金額を提示された場合、私の経験上、高くても5000円という場合がほとんどでした。

このようなか、ネットでマナーの話題が炎上することが増え、しだいに「マナーは炎上ネタ」と言われるようになっていきました。ここ数年でマナー講師に対する風当たりが強くなっているのは、ネットの記事の影響が大きいのでは、と私は見ています。

相次ぐ炎上の影響か、2020年あたりから、ネット媒体からのマナーの記事は格段に減っています。「マナーネタはもう尽きた」と言うメディア関係者もいます。並行して、マナー講師への取材依頼も減ってきていると感じています。

ウェブメディアの記事は、原則的に字数制限はないはずです。ですから、デリケートな話題ならていねいに説明していただくようお願いしていますが、ウェブはウェブでまた別の問題があります。

テレビ局が視聴率を気にするように、ウェブメディアはページビュー（ＰＶ）という指標があります。とくに、ウェブ上には数え切れないほどの記事があり、そのなかで人々の注目を集めようとすれば、タイトルはもちろん、記事の中身にもインパクトが必要です。そこで、どうしても編集サイドが過剰な表現を使いたがります。ふつうの表現では目立たないとなると、一段二段強めの表現を使ってしまいがちです。なかでも多いのは、言い切り表現の多用です。読者はスマホやパソコンで記事を読んでいるため、よりわかりやすく、短く伝える必要があるというのがウェブメディア側の言いぶんで、だからこそ、ハッキリと言い換えてしまう傾向はとても強いです。マナーとはまず心。ですから、その表現は微妙なニュアンスや態度や言葉遣いが必要となります。しかしそれではわからないからと、結局は型や形ばかりを紹介するような、あるいは数字で規定できるものではないものでも数字で表そうとしてしまいます。

たとえば、第2章でお伝えした通り、「喪服のときのタイツは何十デニールまでならいいんですか」という質問をされてしまいがちです。

「NG」「失礼」の言い切り表現が炎上を呼ぶ

マナー講師は、メディアからの依頼を受ければなるべく応じたいと思いますし、個人的にも自分が発するマナーを世の中に広めたいという思いから、そうした機会はなるべく逃さないようにしたいと考える人も少なからずいるでしょう。

しかし、マナーはその瞬間だけおもしろければいいという問題ではありません。マナー講師は、そのマナーがメディアのおもしろネタやトリビアで消費されてしまわないよう、細心の注意を払う必要があります。炎上したくなければ、お断りしなければいけないときもあります。

マナー講師の場合、炎上してもメリットはありません。

ウェブメディアの取材は、先述の通りノーギャラである場合がほとんどという印象です。その代わり、希望のホームページにリンクを貼ります、といわれることもあります。正直にいえば、ノーギャラで協力したのに、結局はマナー講師自身が炎上騒ぎに巻きこまれ、世間から非難や罵声を浴びるというのは釈然としません。

ゆえに、私もノーギャラで協力する以上はこちらの要望もしっかりと聞いていただきたい、ということを今は伝えるようにしています。

とくに「NG」「失礼」と言い切った表現を用いた場合は、ほとんどが炎上してしまいます。どちらも雑誌やウェブメディアで使いたがるフレーズですが、マナーに言及した記事では決して安易に使ってはいけない言葉です。

テレビ、雑誌、ウェブメディアとそれぞれに共通しているのは、読者になるべくわかりやすく、興味がわくものを伝えたいという思い。それはよく理解できます。メディアに関わる方々が、番組や記事を通じて、視聴率、販売部数、PVを上げることがビジネス上、正当な努力であることも理解しています。

しかし、マナーは簡単にニュアンスを変えたり、言い切ったりできません。それもマナーの持つ基本的な性格です。

「マナーは単なる知識ではない」が浸透してほしい

かつて『トリビアの泉』というテレビ番組がありました。思わず人に教えたくなるようなちょっとした雑学（トリビア）を一般の人から公募し、ゲストが品評者となって、

「へ〜」というボタンを押した数で評価するという内容で、当時はたいへんな人気番組でした。

その番組開始が2002年。そしてレギュラー番組の終了は2006年。そして2006年あたりからマナーブームが起きています。おそらくマナーブームの裏には、トリビアを求める人々の関心の芽があったからと推測しています。事実、「トリビア的なネタないですかね」と聞かれることがよくありました。

この番組では、トリビアとは「何の役にも立たない無駄な知識」と言っています。その考えを否定する気はありませんが、私が常日頃お伝えしている、人々が生きるうえで非常に大切なマナーとは、本質的に違いがあります。ところが日本では、マナーを「へ〜」の対象にしてしまう傾向があります。

それとともに、すでにマナーの情報は出尽くしたとし、さらに「へ〜」を求められていきました。だからこそ、マナー講師はそれに応えようと自分なりにあれこれと調べたりして、新種のマナーをつくり出している可能性があります。

その裏には「(視聴者がパッと飛びつくような)めずらしいマナーはないのか?」と要求しているメディアの存在があります。

そうした理由から、皆さんには、今世に出ている「失礼」「NG」の数々が、いずれもマナー講師本人が真に訴えたいものなのだ、というふうにとらえないでほしいのです。マナー講師がすすんで視聴者や読者に対して「～～しろ」と命令しているわけではありません。そこには、紹介する側の思惑もあるわけです。大原則として、マナーに正解はない、ということを、これを機に知っておいてもらいたいと思います。

第6章

マナーなき暴挙が横行した社会現象

品性を問われる、過激なSNSの書きこみ

前章までは、マナー講師が人々の批判を浴びてもしかたがない一面を見てきました。その一方で、インターネットを含む日本社会を俯瞰《ふかん》すると、著しくマナーが失われている状況があります。だれかのマナーを欠いた行動によって、多くの人が不快な思いをしたり、傷つけられたりする場面が増えています。

とくに、ネット上にはマナー講師に対する批判がますます過激になり「死ね」「社会のゴミ」などといった、ひどい言葉も目につきます。人は批判されれば傷つくし、心も痛みます。たとえ相手がこちらに何らかの迷惑をかけたとしても、報復としてそうした言葉をむやみに投げつけるのはいかがなものでしょうか。人に向かって、言っていいことと悪いことがあります。

私にも自分の発言が掲載された記事が炎上したケースが過去に何度かありましたが、そんなときは少なからず、いや、表には見せませんでしたが、相当に思い悩み、傷ついていました。しかし、そこに引きずられてはクライアントやスタッフ、家族に迷惑をかけてしまいます。気にしていないように振る舞い、仕事中はつねにそれを心がけました。もちろん批判の声は謙虚に受けとめる姿勢は持っていますが、一言一言に悪意や憎悪が

こめられている場合、それを読むだけで、まるで心に毒が回るように苦しみます。ですので、あまりにマイナスな意見はあえて見ないようにしてきましたが、本書の執筆をきっかけに、ネガティブな投稿に対する自分なりの考えをこの章でいったんまとめようと思います。

ネット上で、マナー講師に限らず、特定の人物のことを大勢の人たちがよってたかって非難する行為が横行しています。以前から指摘されてきたことですが、匿名《とくめい》というネットの特性もあって、日常生活では見ることも聞くこともないような、品性に欠ける過激な言葉が行き交っています。私自身、「品」という言葉を遣うにふさわしいのかどうかはわかりかねるため、ふだんはあまり使用しません。しかし本書ではあえて使うことにします。

また一方では「いいね！」や動画の再生回数を伸ばそうと、非常識な言動や動画を投稿する人たちも見られ、どう見てもはなはだしいマナーの欠如が見られます。具体的には、目立ちたいがためにお店で働く人がありえない行動に走る。それを動画に収めて世の中に配信する。動画再生回数を得たいがために、万引きや無銭飲食、脅しのようなことまで起こす——。まるでやりたい放題といった様相です。

もちろんネットユーザーの大半の人は良識のある人たちであって、乱暴な投稿をするのはごく一部だと思いますが、ネット上では少数の声も一定の影響力を持ちます。

炎上と一言でくくられてしまいますが、それを受けとった人にとっては、一つひとつの批判コメントがまるで刃となって心を傷つけます。

誹謗中傷を投げつける側は「こんなに悪いことをしたヤツにはこれくらい言ってやらなければ」と思っているかもしれません。しかし、そうした言葉が、場合によっては、相手の命をも奪うことになります。

誹謗中傷を受けた人たちの悲劇について

ネットに関するもっとも深刻な問題とは、自分の言動に対して誹謗中傷が集まったことを苦に、自ら命を断つ人が続出していることです。

本書ではすでに何度も書いてきたことですが、マナーの基本は相手の立場に立って考えることです。それを自分が言われたらどう思うのか、自分がされたらどう思うのか。炎上に参加した一人ひとりに、行動をあらためてもらいたいと切に訴えたいです。これ以上の犠牲者を出さないためにも、ここで本当に一度、一人ひとりが反省して、みんなで見直さなければいけないと心から思います。

有名人といえども一人の人間です。有名人だから大丈夫だろう、と思うのは人間違いです。言葉は凶器にもなりえます。慎重に扱う必要があります。

今は「心の筋肉」を鍛え、心を強くすることも大切なスキルであり、生き延びていくために必要なことだと私は思っていますが、どれだけ心に武装をしようとも、そこは生身の人間なのだから打たれれば痛いし、傷つきもします。みんなでよってたかって……となれば、気づけばもう立ち直れない状態になってしまうこともあります。

人の人生を狂わすようなことを発信はしないこと。世の中は謝れば解決することばかりではありません。あとで詫びても、亡くなった人は戻ってきません。

SNSという場を、一人の人間に対して一斉攻撃をするような、そんな場所にしてほしくはないというのが私の素直な思いです。

SNSでは、何かのプラスになること以外は、書かないほうがいいと思います。自分の鬱憤《うっぷん》を晴らすのに、人を巻きこむ必要はないと考えます。

マナーとは相手を思いやる心から発生する言動です。自己満足はマナーではない、とあらためて言っておきます。

SNSで相手をひどい言葉で罵《ののし》ったりすることは、マナーの観点からだけでなく、人としてまったくナンセンスだ、と私は思います。

自分では何かの正義感を表現しているつもりかもしれませんが、他人を非難するだけの内容には何も意味がない、ということを肝に銘じておきたいものです。

相手を思いやる心、優しさがあるかどうか。それがマナーとそうでないものを分ける唯一の基準だと私は思っています。

ネットユーザーだけではありません。これらはすべての人間が、人として本当に真剣に考えなければいけない問題です。

マナーの意識を育てるには教育が重要

コロナ禍中に、あるユーチューバーが車で全国各地を回り、行く先々で大人数の集まるパーティーに参加したり、スーパーの棚に並んでいる食品を手にとってその場で食べ始めたりと、信じられない行状を撮影。自らが運営するYouTubeチャンネルで動画配信したことがありました。

彼はすぐに警察に逮捕されましたが、その後の初公判で、彼は頭を丸めて出廷し、反省の色をうかがわせました。結局、懲役1年6カ月、執行猶予4年の有罪判決が言い渡されています。

これについては、ＹｏｕＴｕｂｅなどＳＮＳが何のために生まれたのか、知らなかったがための行為だったのではないかと勝手に推測しています。本人は「ウケる」程度の認識で、自分の行為が非常識なことで犯罪だとわかっていなかったのかもしれません。

人は教えてもらったことはできますし、そうでなくても少なくとも意識はするようになります。意識があれば行動は変わります。周囲に「それは迷惑行為だよ」と指摘されていたら、行動をあらためていたかもしれません。人は教わっていないことを実践はできません。だから伝えることは大事です。心を開き、愛をもってマナーを伝えるその教育は大切なマナーなのです。

何らかの形で少なくともマナー教育を受けている人もいれば、そうでない人もいるのが社会です。願わくば、基本的なマナーの教育を受けて社会に出られるよう、政府や教育機関にはよくよく考えてほしいものです。ただし、それが「型」だけのマナー教育ならば、本末転倒と言わざるを得ません。

次々と登場するツールにマナーが追いつかない

ＳＮＳに（炎上するような）動画をアップした本人たちは、ほんのいたずら心で起こしたかもしれませんが、それがお店の商品や施設・店舗にからむ風評被害になると、いたずらを受けた側は笑ってはいられません。SNSがなければ彼らもそのような行動はしなかったかもしれません。また、世間に、明るみに出ることはなかったはずです。

ですが、SNSでひとたび投稿されると、それが世界に向けて拡散されてしまいます。そして本人たちが予想もしなかった展開になってしまうのです。

SNSは、手軽に、即座に、人とつながる手段として生まれてきたものであって、企業に被害を与えたり、人を批判したり、なじったり、罵倒したりするために誕生したものではないはずです。新型コロナ感染や地震被害、大雨や洪水などの災害が数多く起きている状況では、SNSの情報は命綱となることもあります。そうした本来の大きな目的とは別に、意味をなさない誹謗中傷に使っている人が多いのは残念なことです。

このような問題が起きるのであれば、スマホやSNSを活用するにあたっては、根本のマナーについて企業や学校の現場で、子どものころから一定の教育を施すことが必要でしょう。

そして今になっても、何をしてはいけないのか、何をしたら犯罪なのか、何をしたら人を傷つけてしまうのか——といった基本的なマナーが置いてけぼりになったままです。

その歪《ひず》みが、さまざまなところに出ているように思います。

日本人はいつの時代もマナーに関心が高い

さらに学校教育や家庭教育においてもスタンダードはなくなりつつあり、「マナー格差」がしだいに広がっていることも原因だと感じます。

「マナー格差」……まったくマナーを学んでこなかった人と、しっかりとマナーを学んだ人との差はとても大きいのです。一方では、これくらい大丈夫だろうと思い、他方ではとんでもないマナー違反だと批判する。そんな感覚の格差が、SNS上で露呈しているようにも見えます。

マナー講師が「あれは失礼」「これは失礼」とうるさく新種のマナーをつくり出すのも、ネット上におけるマナー意識の欠如が背景になっているのかもしれません。

私はマナー講師を擁護するわけではありませんが、マナー講師たちが新しい〝失礼〟を次々と生み出す背景として、ネット上での無責任な発言が遠因になっていることは、客観的事実として伝えておきます。

それとともに、ネット上のクレームや批判的なコメントを極端に気にして、マナー講師を通じて事細かく、厳しく、社員にマナーをたたきこもうとしている企業体質も、「失礼クリエイター」の出現に関わっていると思います。

さらに第5章でお伝えした通り、メディアもマナーを型として多くとり上げてきました。それは裏を返せば一般の人たちが社会の変化の中で、あるべき姿とか、ふさわしい言葉や態度といったものを決めかねている状況があるからでしょう。

マナーの話題が炎上するのも結局は、私たちがマナーに強い関心を持っている証拠です。発信者と受け手のたがいの関心とニーズが高まるなかで、次々に〝失礼〟が生まれてきているというのが、ここ数年の流れだと私は見ています。

SNSから逃れてオンラインサロンへ

最近、私は研修で「心の筋肉」という言葉を伝えるようにしています。目まぐるしいほど変化の激しい社会のなかで、多様な価値観が交錯していて、たがいに考えかたや思いを伝えあっている現在の状況は、個人がこれまで以上に心を強くして日々の生活に臨まなければ厳しい時代となっています。ある程度の〝筋力〟で自らの心を防御していないと、すぐに傷つけられたり、壊されたりしてしまいます。

しかし、そうはいっても心の筋力の弱い人は確実にいます。日々、心を痛めている人もいます。そんな心の筋力がない人が、TwitterやFacebookなど、オープンな場で好き勝手に自分を主張する世界に嫌気がさして、オンラインサロンに自分の居場所を見つける人も増えています。

オンラインサロンとは、オンライン上のコミュニティーで、有料もあれば無料のものもあります。

有料のオンラインサロンの多くは、著名人や専門家と交流ができるだけでなく、価値観の似通った人たちとの交流ができるのが魅力となっています。無料オンラインサロンは、価値観や趣味が似ている人、またそこからビジネスにつなげる目的なども含まれます。

そうした特別感が魅力となり、ハマる人も多いのです。これらはある種、閉じられた〝村〟で、非公開、クローズドの場所と言えます。そのなかで、たがいをほめ合ったりしながら交流を深めていこうとする文化となっています。

そこを心の拠《よ》り所として、憧れのオンラインサロンに参加することで救われている人も多いはずです。本人はそこにいると心地よく、認められたような気持ちになれますが、その半面、主催者のお金儲けに利用され、お金を吸いとられているとの悪い噂も流れています。

私も有料のオンラインサロンを主宰しているので、その魅力や楽しさもよくわかります。私自身もそうですが、立ち直れないほど心にダメージを受けることはだれでもあるでしょう。そんなときにオンラインサロンで同じ趣味や考えを持った人と交流する時間は、それは楽しく、慰めにもなるし、自信回復のきっかけを提供してくれる貴重な場であると私は思っています。

厳しさが増す社会のなかで、自分を温かく受け入れてくれる場があるのは大事なことですが、もしそれがために破産したり、生活困窮に陥ったりしたのだとしたら、それは問題です。

これに関して言いたいことは二つあります。一つは、ビジネスの面から言えば法律に触れない限り、他人はとがめることはできないということ。これは厳然たる事実です。

二つ目は、他人から見れば無駄でも、本人がそれでハッピーで家族や他人に迷惑をかけないならいいということです。本当に心が傷ついたとき、心が救われる場があるということは大切です。

リアルな関係に傷ついて、社会で自分の居場所をつくれなくなった人が、避難所としてオンラインサロンに救いを求めているなら、もはや命を救うための社会的な機能を担っているとも言えます。

敬遠していたＳＮＳに私自身が救われた

じつは、私は、ＳＮＳの世界が大の苦手でした。

時代がそうだから、という理由から、とりあえず一通りのＳＮＳでアカウント開設はしていました――というのが正直なところです。そんな私がオンラインサロンを立ち上げたのは、私自身がそれに救われた一人だからです。

それは、たいへん悲しく傷つく出来事をきっかけに私は、人間不信に陥り、一時期、新規の仕事ができなくなりました。

私は、それまでつき合いのある人たちとのコミュニケーションをとることが怖くなりました。このころ、私を支えてくれたのが、Ｆａｃｅｂｏｏｋの友達申請をくださる面識のない人たちでした。そこにリアルで『未来交流会』という異業種交流会を開いている若尾裕之さんから、オンラインサロンの案内が来ました。ちょうどコロナ禍によるステイホームの時期と重なり、私は吸いこまれるように自分の身を置く場所をそこに移しました。そしてそれが、自宅にいても可能なビジネスや良好な人間関係を構築でき、ストレスのない生活を手に入れた私の原点にもなっています。

私はオンラインサロンで出会った人たちと信頼関係を築いていきました。現在では企業の研修や打ち合わせなどもオンラインで行われることが多くなっています。それまでは、私から直接「真心マナー」を学んだ人しか講師として起用していませんでしたが、今はオンラインサロンやｃｌｕｂｈｏｕｓｅなど、ＳＮＳで出会った人――つまり、実際に会ったことのない人たちを弊社の講師として起用し、活躍してもらっているほどです。

このように、リアルで接したことがなくても、しっかりと信頼関係は構築でき、たがいにとってプラスとなる関係が築くことができます。それがＳＮＳという場所であると私は信じています。

そういう意味からも、私は「オンラインサロンやＳＮＳが悪だ」という風潮にはならないでもらいたいと願っています。これらは社会で行き場を失った人を救ってくれる場所となりうるからです。

オンラインサロンというその言葉の響きやイメージだけで悪と決めつけるのではなく、肝心なことは、それを利用する人がしっかりと見極める目を持つことだと思うのです。もちろんオンラインサロンの運営側も、モラルをもって運営する自覚が求められるのは言うまでもありません。

オンラインサロンに限ったことではありません。一般的なサービスを受けるときも同様です。最近よく相談を受ける内容は、次の通り。

たとえば、受講料を支払って、講義を受けたが、内容が自分の期待とはかけ離れていた、悔しい、なんとかしたい――というものです。だがそういうときにでも、一方的に誹謗中傷を投げつけることはマナー違反だと感じます。

私は、相談者に決まって言う台詞があります。

「自分が学びを得ようと思い、信じて受講料を支払ったのであれば、その相手を悪く言ってはいけないと私は思います。言われる相手の立場に立って考えるという意味もありますが、何よりも悪口を言うことで、それは自分に返ってくるからです。内容に対して不満があるなら、正々堂々と、相手と、きちんとしたコミュニケーションをとればいい。嘘や作り話、脅しのようなことさえしなければ、そしてマナーある人同士で話し合えば、そこにトラブルは生まれないはずです」と。

交渉時にトラブルが起きるのは、少なくともどちらかにマナーがなく、自分のことしか考えていない自我の塊で覆われた、自己中心的な人だからです。そういう人は〝美しい〟とは真逆の〝醜い〟となります。もちろん、契約書や口約束など、その相手との関係性においてさまざまな形態があるでしょう。そして、話しても理屈が通じない相手であれば、最終的にはその道の専門家にまかせることが賢明です。物事には段階があります。心ある人、すなわち、礼のある人、マナー人はそれができます。

ビジネスや人生の鉄則からすると、オンラインサロンだろうと何だろうと、あこぎな運営や態度をすれば、早晩、維持できなくなっていくものです。そういう人には関わらないこと。そして彼らの行く末は、自然淘汰にまかせておけばいいのです。誹謗中傷することに熱中したり、相手の反応に一喜一憂したり、そのことに自分の大切な時間を費やすのはもったいないことだと思います。

なぜマナー業界は「江戸しぐさ」を放置したのか

今、マナー講師がこれだけ批判を浴び、さらに若者たちを中心にマナーに対するアレルギー反応というべき反発が起きている一方で、国民がとあるマナーを喜んで受け入れる、という不思議な現象が起きていました。

「江戸しぐさ」をご存じでしょうか。1980年代に紹介されはじめ、2000年代に入って日本全国で広まり始めました。そして2000年代後半になると小学校の道徳の副読本にも掲載されたことから、日本人が身につけるべきマナーのお手本としての位置づけになっていました。

たとえば雨の日、人が道ですれ違うとき、たがいに少し傘を両脇にかしげるだけでスムーズに道が通れるといったマナーを「傘かしげ」、人混みの中で足を踏まれたとき、踏んだほうが謝れば、踏まれたほうも「こちらこそうっかりいたしまして」と謝り、たがいに気持ちよいマナーとして「うかつあやまり」というタイトルをつけ、これらを江戸の町人が心がけていたマナーとして伝えています。

なかには根拠のない内容も含まれていて、たとえば江戸っ子の研ぎ澄まされていた感性を「ロク」と呼び、関東大震災も第六感で予知した——といったようなことも伝えています。

これはNPO法人江戸しぐさという団体が、江戸商人のリーダーたちが築き上げた、上に立つ者の行動哲学として、当時のマナーを「江戸しぐさ」としてまとめ、普及活動をしてきたものです。

ところがその後、歴史学者らが、「江戸しぐさが江戸時代に存在していたという史実はない」とする論文や出版物を相次いで発表し、信憑《しんぴょう》性に疑いが持たれていました。これについて当のNPO法人では「明治政府が徳川時代の文化を断絶するために江戸の町民を大量虐殺したから関連の書類や資料が残っていない」と説明しています。しかし、そのような虐殺事件の記録や言い伝えもなく、今では歴史の捏造と疑われています。

いちばんの問題は、歴史学者らがその存在を否定しており、根拠となる裏づけがないと疑われてもしかたのない内容が、学校の副読本に掲載されていた、ということです。そもそも小学校の道徳教育の副読本として採用されていることついて、文部科学省は何も正式なコメントを出しませんでした。

私自身もその存在は知っていましたが、仕事上で特に影響は受けていないし、それによって私のマナー論が変わった、ということもありません。そもそも流行のものがあまり好きではないから、研修中で紹介することはもちろん、世間話としてお伝えするということもほとんどありませんでした。ですが、マナー講師の中には、「江戸しぐさ」について参考にしている人もいるでしょう。講習のなかでその話題に触れたり、引用して伝えていたりするという人もいるかもしれません。

これほどマナーが批判されているにもかかわらず、こういう新種のマナーが広く受け入れられたことは不思議というしかありませんが、「江戸しぐさ」は日本のマナーに大きな影響を与えてきた一面もあるので、私の意見を伝えておきたいと思います。

結論から言うと、たとえ根拠が曖昧《あいまい》でも、内容自体は日本人がマナーを意識するきっかけになったのだから、それはそれであってもいいのではないか――と個人的には思っています。これまでマナー業界の中から「江戸しぐさ」について、とくに言及する声が発せられなかったのも同じ理由ではないでしょうか。

　桃太郎や金太郎、浦島太郎など、昔から伝わるおとぎ話は、そのほとんどの出所が不明だったり、話の内容も曖昧だったりしますね。グリム童話なども時代ごとに加筆修正されたものだと聞きます。それでも長く語り継がれているものは、伝承されるだけの価値や理由があるのだろうと私は思います。「江戸しぐさ」も国民の多くがそうした価値を見出しているのであれば、あえて異を唱える必要はないと思っています。

　人の暮らしのヒントになるのなら、この団体が法律に違反していない限り、とくに問題視する必要もないといいます。そもそもこのＮＰＯ法人の活動も、個人の思いからはじまった活動のようです。こちらに迷惑がかかっていない以上、個々の活動に他人がとやかく言う必要もありません。

　最後に――。こんなにも物議を醸し出していて怪しいと言われている「江戸しぐさ」ですが、多くの人はそれにケチをつけることなく、称賛しました。この「江戸しぐさ」が、マナーという言葉で紹介されたならどうだったでしょう。また大炎上になったかもしれません……。やはり、「マナー」や「マナー講師」という言葉へのアレルギーが、世間に植えつけられてしまったとしか考えられません。

言葉狩り、ポリコレ……マナーの行きすぎ現象が発生

ところで、マナーのない現象が起きている根本のところに、マナーの行きすぎが原因になっている場合があることも気になるところです。

近年、テレビや出版物を中心とした表現規制問題や、他人の言動にルールをつくりすぎではないかと思われる現象が目立ちはじめました。それが行きすぎてしまうと、偏った価値観で他人を批判するという暴挙に変わってしまいます。

言葉狩り、ポリコレ、ルッキズム、キャンセルカルチャー……私は社会批評が専門ではありませんが、マナーの観点で見たときに「誰それに配慮する」という共通項は存在します。だから、拙《つたな》い知識で恐縮ながら、あえて考えを述べてみたいと思います。

《自主規制問題》

まずは、エスカレートするテレビの自主規制問題です。

このところ、テレビでは表現の規制や使用禁止用語が次々に増えています。

そのほとんどが、テレビ局側の判断による自主規制です。現在、昭和時代のお笑いのコントや漫才はその多くがほぼそのまま流せない状況だと聞きます。

視聴者のなかで不快に思った人が番組にクレームを入れる、そして番組側が使わない方向で検討を始める……そうして使用禁止用語のリストが次々に増えていく。見た人が不快に思うことのないように配慮するのは自然な流れですが、一方では自由な発言のできるネットメディアの声で、次々に規制がかかるというのは、表現の自由という意味でどうなのか……疑問が残ります。

出版業界でも、テレビ業界に似た現象が起きています。10代向けの小説、いわゆるライトノベルでは、「狂」という漢字は使えなくなってしまったといいます。当然ながら「気が狂った」という言い方は表現があらためられますが、それだけでなく「時計が狂っている」といった表現も駄目で、とにかくこの字が使えません。理由は、10代の子供たちには教育上、よくないからだということです。こうしたマイナス表現に関しては、今後もつねに議論が展開されるでしょう。

ちなみに私は、個人としては、人が見聞きして不快に感じる言葉は避けるように意識しています。マイナスなイメージを呼び起こす文字や言葉を規制されることで、それに変わる言い回しを考える必要が出てきました。過剰すぎる内容もあるかもしれませんが、こうすることで一人ひとりの目に留まり、考えの一つとするなら、これもマナーのひとつと言えるかもしれません。

《キャンセルカルチャー》

さらに気になるのは、過去の作品の内容や人物の言動が今になって蒸し返されて、糾弾されたあげく、今の立場が失われるというケースがあります。

こうした現象はキャンセルカルチャーと呼ばれています。

芸能人が何かしらの事件を起こした途端、過去に出演した映画やドラマのＤＶＤやブルーレイが発売禁止になったり、動画配信サービスのリストから外されるなどといったことも含まれます。

Ａｍａｚｏｎでは、経営陣の判断によって、特定の人物やジャンルの本を取り扱わない、といったことも起きています。

本来、俳優のプライベートな部分と出演作品は無関係なはず……と思うのですが、たった一人の俳優の言動が原因で、作品の存在が脅かされる事態になっています。作品を取り扱う企業やプラットフォーム側の自主判断によるものなのですが、他方で、世間の人々はどう感じているのでしょうか。

こういった動きに対し、「行きすぎた配慮だ」と思うか、「現代社会ではいたしかたない」と納得するのか……。

個人的には、私は前者の意見では――と言いたいところですが、やはりビジネスとして作品を扱う、となれば、現代社会では後者のケースが増えていくだろう、と言わざるを得ません。

ゆえに私たちは、所属している会社や学校、あるいは家族や友人のためにも、一人ひとりが責任を持って行動しなければなりません。「そうなんですか⁉」「知りませんでした」では済まされないことがあります。私も含め、個人の意識と注意力のアップで社会はよい方向へ変わっていくと思います。

《ポリコレ》

言葉狩りや過去の創作物の否定、特定人物の差別意識に対する徹底的な糾弾など、行きすぎた配慮による制度や政策は、一般的に「ポリティカル・コレクトネス（通称ポリコレ）」とまとめられて議論されています。

ポリコレとは、表現活動や創作物、社会制度などからあらゆる差別をなくすべきだという考えかたのもと、あらゆる面において価値中立的な表現・制度をよしとする考えかたで、そうした極端な配慮を主張する運動に対する、批判の意味も込められた呼び名です。

不朽の名作と言われるもののなかには、今とはまったく違った時代背景で生まれた作品もあります。たとえばハリウッド映画の名作『風と共に去りぬ』は、奴隷制度が当たり前だった南部で、苦難にも負けず自らの力で力強く生きた女性を描いたものです。しかし、その当時の文化・風俗・人々の考え方が現在の価値観にはふさわしくない、というだけで、一時は発売も上映も禁止されていたといいます。その後、作品の冒頭に「不適切な表現があるが、作品のオリジナリティを尊重し、そのまま生かして……」云々という旨のメッセージを入れることで、ようやく上映が再開されました。

もちろん不快な思いをする人がいるなら一定の配慮は必要だと思いますが、同時に、その映画を観たいという人への配慮も必要となります。一つひとつに目くじらを立てて、一時代をつくった作品や人物をなきものにするという動きは、配慮の行きすぎとも言えます。

とはいえ「それくらいはしなければ……」と立場や状況的にそうも言っていられない人もいるわけです。こういう話題はムズムズ、モヤモヤして悩ましいもの。こんなときにこそ、白黒、○×ではないマナーの考え方、双方納得のいくマナーコミュニケーションの力で、折り合いがつけばいいと思っています。

《ルッキズム》

事例を挙げていけばきりがないのですが、もう一つだけ。ルッキズムという考えかたが流布し始めています。簡単に言うと「人の容姿に関わることは話題にしない」という考えかたです。

国際的なマナーという観点で述べると、容姿に関してはあまり話題にしないほうがいい、としているのはたしかです。だれかを話題にするときに「あの痩《や》せている人」「太っている人」という形で形容するのはよくないとされています。

これに従えば、女性に対して「美人」という表現もよくないそうです。初めて聞いたときは唖然《あぜん》としました。私は、美人という言葉には、単に外見上の美しさだけでなく、内面の優しさや美しさも含まれると思っていたので、とらえかたが一面的（外見に重きを置いている）で、素直には理解できなかったのです。どうやらルッキズム的観点では、美人をほめることが問題なのではなく、美人をほめることによって、そうでない人を傷つける可能性があるということらしいのです。それも配慮と言えばそうなので、マナーと言えなくもないですが、そこまで行きすぎると何も言えなくなってしまう気持ちになるのは私だけでしょうか……。

美人に関して言えば、女性に対して使われるというイメージがありましたが、これも女性に限らず心の美しい人、ということで、人として美しいという意味合いで使用することもあるでしょう。現代はジェンダーニュートラルともなっています。

イングリッシュローズという言葉があります。イギリスでは、内面も外面も美しい女性を形容する言葉です。故・ダイアナ妃は、まさにイングリッシュローズという名にふさわしい人と言われています。ルッキズム的な考えかたからすると、その言葉も口にできないのでしょうか。もちろん、ジェンダーニュートラルの観点から、女性を形容する言葉という時点で今はその使いかたも変わっているのかもしれません。

いずれにせよ、さまざまな視点から配慮する姿勢は素晴らしいと思います。心配はそれがどの範囲で、どの程度なのか、そしてどの温度で反応するのか……そこから二次問題に発展しないことを祈ります。

過剰な配慮や自主規制がおかしなマナーを生む

人種や性別による差別をなくし、マイノリティーと言われる人たちにも配慮をすることは大切なことですが、最近ではそれが行きすぎてしまう傾向が顕著になっているようにも感じます。

過剰な配慮から、問題の本質から外れたところで自主規制が進み、表現の自由が脅かされています。また史実を否定するかのように、文学や映画などの作品をこの世から消し去ろうという極端な行動にもつながっているようにも見えます。

そうした風潮に呼応するように、日常の生活に影響のなさそうな細かいルールや、極端なマナーも生まれやすくなっています。

人類は時代ごとに大きな過ちや失敗を起こしてきています。戦争などはその最たるものでしょう。その手痛い経験を反省し、その出来事を教訓に変えて、社会をよりよくしてきました。その歩みこそ歴史と呼ぶべきものです。人類は時代ごとに失敗を重ねながら、そこから試行錯誤をくり返し、少しずつ理想の社会をつくりあげようとしてきたし、今もその途上にあります。

今の基準に照らし合わせて過去を見れば、問題ばかりに違いありません。つまりその違和感や問題こそが、これからの人類の進歩の幅ということになります。

歴史とは現在と切り離されたものではなく、一つの線でつながっています。私たちは、過去の失敗から目を背けてはいけないし、なかったことにしてはいけないのです。事実を事実として受け入れ、そこから学ぶ。その姿勢を否定していては、人類に進歩はないと私は考えています。

私の考えかたは前述した通り、だれのプラスにもならないことは発信するべきではない——というものです。

このことは私自身、一つの原則としてとらえていきたい軸です。その意味で、誹謗中傷はもちろんのこと、同じことを言うのでも、表現のしかたに注意する必要があります。誤解のないように言っておきたいのは、議論はしていいのです。もともとマナーはコミュニケーションであるというのが私の考えで、だから私は「マナーコミュニケーション」略して「マナコミ」という言葉を使ってきました。

人はそれぞれ趣味趣向も違えば、主義主張が違って当たり前です。だからこそ自分の気持ちを伝えたり、あるいはお願いをしたりということは、社会生活を円滑にするために必要なことです。「私はこう思う」と伝えることは大切なのです。その議論がよりよいものになるためにマナーが必要となります。

つまり、自分の主張を伝えるとき、相手の立場に立ってよりわかりやすく伝える、誤解のないように伝える、相手への敬意を持って伝える、といった思いやりが含まれているかどうかが重要です。それがマナーです。

その心の部分がなくなってしまうと、感情的な議論や一方的な主張になり、やがては対立を生んでしまいます。

そうならないよう、たがいにとってプラスを生む対話にするには、たがいがマナーを身につけておくことが大前提です。

マナーというのはこちらだけに身についていても意味がありません。双方にあってこそ意味があるものです。だからこそ私は社会により広くマナーを伝えていきたい。そのことを使命として今日も働いています。

マナー講師の社会的な役割をもう一度考える

賛否両論あるかと思いますが、実際のところＳＮＳなどネット上では、リアルな社会と比べて格段にマナー意識が欠如している傾向はあるでしょう。

私自身は、言論の自由が大きく認められているネット上に、あえて「うざい」と思われるマナーを持ちこむことは積極的に行ってはこなかったのですが、人の命が失われるような悲劇が起きている以上、あらためてＳＮＳ上のマナーを本気になって考えるべきときが来たと思っています。

くり返しますが、言葉は凶器にもなります。使いかたによってはその人の人生や命に関わってきます。ほとんどの人が日常の言葉遣いについて基本から学んだことは少ないかもしれません。とりわけネットの発言には匿名性が高く、自由な雰囲気が漂っているぶん、それぞれが自分の思いを率直にぶつけてしまいます。ですが、SNSもバーチャルではなく、リアルな社会であるということをあらためて認識する必要があります。

その意味で、やはりマナー講師は社会的に重要な役割を担っています。

私は、とくに自社に所属するマナー講師には厳しく接してきました。それもマナー講師の仕事がそれだけ社会で重要な仕事だからです。

だれが何と言おうと、マナーは社会に必要です。とくに今のように変化の激しい、明日のこともわからないような緊急事態が起きたり、実際に世界のどこかでは戦争が起きたりしている時代には……。人と人との争いも絶えません。人々の心が不安を抱え、刺々《とげとげ》しくなっている今だからこそ、マナーが大切だと思うわけです。

マナーとは、よりよく生きるために必要な心がけです。パンデミックのさなか、だれもが利己的になってしまいがちなときに、困っている人を助けたり、気持ちが沈んでいる人たちを明るくしたり、心が通い合うことで生きがいを見出したり――そういった毎日をハッピーにしてくれるもの、心に元気を通わせることがマナーです。

人生を豊かにしてくれるマナーを伝えられるのは、マナーを伝えるマナー講師です。

私はそれをウェルネスマナーとし、堅苦しい、面倒なマナーのイメージを払拭《ふっしょく》できたらいいなと思っています。そういう自覚をそれぞれのマナー講師に持ってもらい、既存の伝えかたを変えていくことで最終的に社会も変わっていくことを願うばかりです。

柔軟に対応する自由さと心の余裕

コロナ禍で多くの人の働きかたは変わりました。

仕事はオフィスではなく、自宅で行える人も増えました。

買いものに行くのに、各々がそれを入れる袋やマイバッグを持ち歩くようになりました。

仕事上で親しくなるために欠かせなかった飲みニケーションですが、これはもはや時代遅れで誘うことが迷惑と言われる世の中になりました。

ブラック・ライブズ・マター（ＢＬＭ）や#MeToo運動などに見られる人権問題が世界で展開され、ＬＧＢＴの権利が認められはじめたことで、恋愛だけでなく結婚が必ずしも異性とのものではなくなりました。トランスジェンダーのスポーツ選手が、生物学的な性別を越え、世界的なスポーツ大会で活躍しています。

かと思えば、子どもたちの運動会では徒競走で順位をつけることがしだいに廃止される流れがあります。妻が家事をすることを前提とした話は、男女差別として糾弾されるようになりました。

男性が女性の服装などをほめることは、紳士の嗜《たしな》みと言われていましたが、今では場合によってはセクハラと呼ばれてしまいます。

強いリーダーシップは、頼りがいのある人物として称賛されていましたが、今は部下に強く接するとパワハラで訴えられます。

どれも10年前、20年前とは真逆の価値観が社会に浸透してきています。これまで当たり前だとされていたことがすべて否定され、まったく新しい感覚で社会を生きなければならなくなりました。今の社会はそういった混沌とした状況にあります。このようななかで、私たちが収入を得て、生き延びるために大切なことは〝柔軟性〟と〝変身力〟です。

社会は未来へのトライアル期間にある

日本の人たちはまじめで、経験のないことや教わっていないことに出合うと、真剣に考えこんでしまいます。そして正解を知りたがります。だからこそマナーを一つに決めてもらいたいという気持ちが強くなり、期待の大きさゆえに、さまざまなマナー講師からの情報に対する失望でネット上が荒れ、炎上しているように思います。

今、私たちはだれひとりとして、正解がわからない世界に生きています。

こういう社会にあっては、不可思議なことに遭遇しても、考えすぎないことが大切です。

コミュニケーションのとりかたにしても、人それぞれに違っています。それも考えすぎないで、人それぞれだとスルーします。そんな心の余裕が持てるかどうかが試されています。

マナーの専門家がそんなあやふやな言いかたでいいのかと、訝《いぶか》しく思うかもしれません。ですが、今はその心の柔軟さを持つことがマナーだと私は思っています。

過去の体験や価値観を捨て去り、人は人、私は私と割り切る心の強さを持つことが、現代人に求められるマナーです。

社会は今、未来へのトライアル期間――そんなふうに私は見ています。

思想、文化、生活、働きかたと、これまで漠然とあった課題解決の構想は、新型コロナウイルスによって否応なく、実践モードに入ってしまいました。

ですから今は、世界中が目の前で起きていることにいかに対応するかが問われていて、人それぞれが、それぞれに工夫をしています。そうしてこの混沌としたなかで自分にとって少しずつ何が必要で何が不要なのかが、わかってくるでしょう。

そうしたなかで、気づけばＳＮＳでは人を罵倒する言葉が消え、社会では気持ちのよいあいさつが交わされ、人と人とが助け合う世の中がやってくるはず。そんなふうに明るく、人類を信じながら未来を想像しています。

こんなふうに考えて、難しい局面も、あまり深刻にならず、自然体で対処していくことをおすすめします。

安易に正しいマニュアルをマナー講師に提示してもらおうとしなくていいのです。一人ひとりが相手の立場に立ち、思いやりの心でとる行動は、マナーに則《のっと》ったものだと私は信じています。

この章では、これまで私が公に語ることのなかった、ネットやＳＮＳ上の過激な発言について私なりの思いを述べました。賛否両論あると思いますが、私がお伝えしたいのは、今の時代こそ心のマナーが求められているということです。

だからこそ私は、これほど世間からマナーやマナー講師に対する厳しい批判や反発があるなかでも「真心マナー」を自らの使命として伝えようとしています。

では、なぜ私が「真心マナー」をお伝えすることを使命としているのか。そこには私が育った家庭環境や生い立ちが深く関係しています。

次の第7章では、私がマナー講師を生涯の仕事に選んだ背景と本当の理由について、包み隠さずお伝えします。

第7章

私がマナー講師を生涯の仕事に選んだ理由

突然の就職活動、憧れのマナー講師との出会い

私がマナー講師という仕事を生涯の仕事に決めたのは、ほんの偶然からでした。

就職シーズンを迎えた大学生時代。卒業後の私の就職先は、九州で不動産業を営む父親が地元でまとめてくれることになっていました。それは、あわただしく就職活動に勤《いそ》しむ友人たちを横目に一人、東京での残りの学生生活を満喫しようとしていたところでした。

ある日、母から衝撃の事実が伝えられました。

「お父さんとお母さんは離婚するから、あなたが戻れる家はもうない。だから東京で就職先をみつけなさい」

急転直下、私は急遽、就職活動を余儀なくされたのです。

つらい思いを引きずりながら大学の学生課に相談しに行ったのが、私の就職活動のスタートでした。そこで紹介された面接指導の講座に先生として来られていたのが、ＪＡＬの元ＣＡ（当時はスチュワーデス）、岩沙元子先生でした。

初めてお会いしたとき、その美しい姿とともに心の優しさにすっかり魅了されました。私はその方に一目惚れしてしまったのでした。

そのとき、私は初めてマナー講師という仕事が世の中にあることを知り、同時にマナー講師になりたいと心から思いました。

どうしたらマナー講師になれるのだろう。自分なりに調べてみると、マナー講師のほとんどはCA出身者ということがわかりました。そこでJAL、ANA、JASという、当時国内にあった航空会社3社を受験することに決めました。

それから岩沙先生も講師陣に加わっているスチュワーデス専門学校に通い始めました。ところが、ネックになったのが視力です。私の目は裸眼で0・02しか見えません。合格基準の0・1にはほど遠かったのです。それでもあきらめきれず、視力回復センターという施設に通って視力強化にも努めました。

一方では、視力検査表の記号の配列をすべて記憶するという、今思えばあきれてしまうほどの努力もしました。人はこれを涙ぐましい努力だと言ってくれますが、一番上の段さえ見えれば、後は記憶でしのげると思ったのです。ところが一番大きな最上段の記号さえ、目を細めなければ判別がつかない。試験官から「目を細めちゃダメ！」と注意され、結果は案の定、不合格でした。

スチュワーデス専門学校の先生方たちからは、外資系の航空会社をすすめられましたが、英語が苦手だった私はあきらめざるを得ませんでした。

それからは20枚ほどの履歴書と就職雑誌を抱えて、一般企業を回る日々。卒業式が近づくころには、いくつか内定をいただくことができましたが、マナー講師になりたい気持ちに変わりはなく、将来を考えて結局、すべて断りました。内定をいただいた企業には本当に失礼をしてしまい、今でも申し訳なく思っています。

そのような状況を見て、スチュワーデス学校の校長から「あなたは秘書として生きていきなさい」と、国会議員の秘書職を紹介してもらうことになりました。私は晴れて、参議院議員の秘書として社会人の仲間入りをすることになったのです。

あわただしく就職活動に勤しんでいるあいだ、両親の離婚協議は難航していました。たがいに自分の立場でしかものを言わない二人を見て「なんて美しくない人たちなんだろう」と嘆いていました。あの当時、人の美しさとは何か、ということについて、とことん考えました。

世の中には自分とまったく同じ考えの人なんていません。たとえ相手が言っていることが自分の考えかたとは相いれないものであっても〝受けとめ〟てあげる気持ちを持っている人が、人として〝美しい〟のではないか……。そう思うようになっていったのも、両親の醜い争いを見ていたからでした。

そんな悲嘆のなかにいた私にとって岩沙先生は、人としての理想に一致していたのだと思います。それほどに岩沙先生は外見も内面も美しい人でした。私がマナーに「内面の美」を重視し、追求してきたのはその影響を受けているからだと思います。

秘書時代に学んだスキル

私が秘書についた人物は、当時、参議院議員だった小野清子先生。元オリンピックの体操選手で、スポーツ・文教関係の役職を歴任され、小泉純一郎氏が内閣総理大臣のときには入閣もされています。

秘書の仕事をこなしながらも私の頭のなかは、マナー講師になったときにこの経験をいかに役立てるかを考えていました。もちろん、議員の小野清子先生のことはリスペクトしていましたし、お仕えする気持ちは持っていましたが、見るもの聞くものすべて、自分がマナー講師になったときにはこうしようああしよう……と思っている自分がいたのも事実です。さらには、当時はまだ両親の離婚騒動の渦中でもあり、何かと迷惑をかけてしまいました。

小野清子先生から学んだことは山のようにありますが、とくに話しかたについては大いに学ばせていただきました。と言っても、先生から直接指導を受けたわけではありません。小野清子先生はスピーチの名手でした。私は話しかたの勉強など一度もしたことはありませんが、今も周囲の方々から間《ま》のとりかたが絶妙だとよく言われます。私自身はそのような技術も知らなければ、何かを意識しているわけではなく、自然にそうなっています。社会人になりたてで毎日のように小野清子先生のスピーチを聴く機会に恵まれたおかげで、私の体のなかに自然に先生のお話のリズムがしみこんでいたのでしょう。

先生のスケジュールはいつもいっぱいで、時には同日時に会合が重なったりもしました。そういうときは、第一秘書や第二秘書の先輩が代理で出席するのですが、ときには社会人1年生の私でさえも代理でパーティーや会合に出席し、先生の代わりにごあいさつをすることもありました。そういうときに備えて、先生の迷惑になることは絶対言わないように、また先生の秘書として恥ずかしくないように、ふだんから自分なりに努力していたように記憶しています。

バブル絶頂期に、ひとり暮らし、就職先のない落ちこぼれの私を拾ってくれた先生には、本当に感謝しかありません。そして、こんな私を温かく支えてくれた諸先輩方にも感謝の気持ちでいっぱいです。職場は、温かい家族のような人間関係であったことは、当時、両親が離婚裁判中で、実家のことで心を痛めていた私を救ってくれました。私が今、自社でスタッフたちに「家族を最優先で仕事をしてね」と声をかけ、スタッフたちをファミリーと言っているのは、社会人1年目で体験した環境に起因しています。母性あふれる小野清子先生、本当にありがとうございました。

議員秘書のあとは、あるジャーナリストの秘書としてその道を追究しました。ここでは「本物の秘書とはこういうことだ！」という、まるで小説やドラマ、映画に出てくるような秘書としての役割と仕事を経験させてもらっていました。こちらでも先生をはじめ、スタッフの皆さんにお世話になりました。心から感謝しています。

20代半ばから、仕事をしながら本格的にマナー講師になるため学ぼうと、憧れのマナー講師・岩沙元子先生のご自宅兼サロンに片道2時間かけて通い始めました。さらに将来のために勤務先からの支援を受けながら、簿記会計の知識を学び、資格を取得しました。その会社にも社長にも本当に感謝しています。ありがとうございます。20代で転職をくり返した私でしたがもともと、27歳で独立をすると決めていたのです。

突然の父の訃報

予定通り、私は27歳でマナー講師として独立を果たしました。ですが、独立してすぐに仕事をいただけるほど世間は甘くありません。私は並行して派遣社員として商社で働くことにしました。じつは、派遣社員になったのも、マナー講師として力をつけるための修業でした。

当時の私は、名の通った大手企業から依頼をいただくことが、マナー業界での一つの成功であると思っていました。そのチャンスを逃がさないためにも、大手企業の仕事がどんなものか、身をもって知っておくことが必要だと考えたのです。簿記の資格を持っていたので、それをアピールして、伊藤忠商事の本社で派遣社員として採用してもらいました。

しばらくはウィークデーに派遣の仕事をし、週末に細々とマナー講師の仕事をするという二足のわらじで生活を維持していました。航空会社出身者でないことは、明らかにハンディキャップでした。何か箔《はく》をつけなければと取り組んだのが、秘書検定試験です。秘書検定準一級の二次試験では面接や実技の試験がありました。ある日突然、思ってもみない朗報が届きました。この試験で日本秘書検定協会連合会会長賞をいただくことができたのです。

この検定試験では筆記試験と面接試験の両方があり、どちらも優れた成績を収めた者が選ばれます。その面接で、議員秘書やジャーナリストの秘書の経験が大いに生きました。賞をいただいたのが29歳のとき。この受賞を機に、マナー講師としてやっていく自信を身につけることができました。

苦しいなかにも自分の道を貫くことができたのは、じつは父の支えがあったからです。周囲の人が皆、マナー講師になることを反対するなかで、唯一、父だけは「やりたいことをやれ」と背中を押してくれました。だから表彰式では晴れ姿を父に見てもらいたかったのですが、会場には父の姿はありませんでした。なぜならその直前に、父は自ら命を絶ってしまったから……。

私は硬く、冷たくなった父に、日本一のマナー講師になると誓いました。その気持ちは、29歳のときから今日に至るまで、私の胸のなかにずっとあります。

命の代わりの遺産

父は、あとに残された私と、弟のことが気がかりだったのでしょう。まとまった金額の遺産が私たち、きょうだいに渡るよう入念な準備をしてくれていました。そのお金は、生命保険から出るお金でした。じつは、父の相続は負の遺産のほうが多かったため、すべて放棄をしました。遺産相続では、法定相続人は負債も相続することになります。

相続放棄をした私と弟に生命保険金は入らないのでは？　自殺のときはもらえないのでは？　と周囲は言いました。

しかし、生命保険金は、相続を放棄した場合でも「保険金受取人の固有の財産」として扱われ、受取人の私と弟に分配されました。とくに、私には、弟よりも少し多く入るように手続きがされていました。事業を始めたことを考慮してくれたのでしょう。子ども思いだった父親らしい配慮だと思いました。

そのおかげで当座の生活に困ることなく事業を運営していけるはずでした。ところが、またしても驚くべきことが起きました。突然、私のもとに九州の国税局の人がやってきて、弟が相続税を払っていないと告げられたのです。相続税は連帯責任なので「弟の未納分を納税してください」との通告を受けました。

迂闊《うかつ》といえば迂闊でした、私は簿記会計の勉強をしていたこともあり、父が命に代えて娘に与えてくれたお金だからと専門家に頼らず、すべて自分で申告をし、納税手続きをしたのですが、弟の納税は彼自身にまかせていました。へんに手を出さないほうがいいだろうという、弟に対する気遣いでしたが、それが完全に裏目に出てしまいました。弟は納税に頭が回らなかったようです。それどころか、自分の人生をつくっていけるだけのお金を父から与えられながら、ギャンブルですべてを失っていました。

私は仕方なく弟の未納分の肩代わりをしました。父が残してくれた保険金はほぼなくなってしまいました。

しかし弟のことは責められません。弟は幼いころから成績もよく、学校で生徒会長を務めるほどの人気者で、私から見ても将来有望な子どもでした。そんな弟を、父も母もことのほかかわいがって育てました。もしかしたらそれは過保護というものだったのかもしれません。そんな彼が、両親の折り合いが悪いせいで、突然、高校生になってから家がなくなり、下宿生活を余儀なくされました。東京の大学に入学し、塾講師のアルバイトをしながら弟なりにがんばっていたと思います。しかし、なぜか知らぬ間にギャンブルの世界に身を置いていたのです。

すべてを捨ててイギリスへ

弟は、父からの遺産が入ってギャンブル仲間から目をつけられ、カモにされていました。

それからしばらく、弟の消息がわからない時期がありました。九州にいる母も心配していて、母のためにも私がやらなければ！　私は弟を捜しました。そしてついに、お金のことで弟の命に危険が及ぶような事件が起きました。これに関わってしまうと私もどうなるかわからない……かといって私以外、弟を助ける人はいない。これはあまりに生々しい事件なので詳細を記すことは避けますが、興信所や法律家の助けを借りて、トラブルを解決することに成功しました。私は……やり遂げました。

マナー講師になるために努力して、ようやく晴れて独立。「さぁ、これからだ！」というときに、さまざまなことが私の前に立ちはだかり、いちばんやりたいマナー講師としての活動ができない……私が羽ばたこうという矢先に、どうして次々とそれを邪魔するかのようなことが起きるのだろうか……「お前には、マナー講師は向いていない」とでも言われている気にすらなりました……。

手のかかった弟でしたが、私は弟を憎めませんでした。弟は家庭の犠牲者なのです。両親や私がしっかりしていれば、未来は明るかったはずです。

こんな悲しい家庭をつくってはいけない――その思いだけが私の内に残り、やがてマナーで世界中の人々から争いごとをなくしたいとの思いが膨らんでいきました。

しかし父が命の代わりに残してくれた遺産はほとんどなくなってしまっていました。一方ではマナー講師の仕事も、「型」ではなく「心」を中心に伝えるあまり、企業からまったく評価されていませんでした。私はすっかり路頭に迷っていました。

心を中心とするマナーは間違っているのだろうか……。一度、マナーの本場、イギリスで学んでみたいとの思いが募っていきました。それと同時に、家族のことで疲れ果てた私は、日本での生活をリセットするためにも、渡英を決意しました。父が命の代わりに残してくれた保険金も底をつこうとしていましたが、私はそのお金を使わせてもらうことにしました。

私は自分を癒やしてあげるために、帰国しても住む家もない状態にして、一人、イギリスへと旅立ちました。当時憧れのリチャード・ブランソンが経営するヴァージン・アトランティック航空で。31歳のときでした。

イギリスでの日常生活がマナーの教科書

イギリスでオックスフォードにある語学学校に通い始めました。マナーの学校に入ったわけではありません。専門の教育機関に入るまでもなく、イギリスの人たちの生活そのものが私にとってのマナーの学校となりました。

目と目が合ったときはにっこりほほえんで、アイコンタクトをする。学校へのバスを待っていると、みんなが見知らぬ私にも「Good morning!」と気持ちのよいあいさつをしてくれる。もちろんほかの人たちも知らない人同士であいさつを交わす。それが日常の風景でした。

バスから降りるときには、お客さんが運転手さんに「Thank you!」とお礼を言う。運転士さんも「Thank you!」と返す。これが真のコミュニケーションというものだ！私は見るもの聞くもの、すべてに感動しました。

もっとも印象的だったのは、建物に入るためにドアを開けるとき、必ずみんなが後ろを振り返ることでした。そこに私が居合わせたら、お先にどうぞと行かせてくれる。そこで私も「Thank you!」と笑顔でお礼を言う。道路を横断しようと道の端に立てば、車が途切れるのを待つまでもなく、車はすぐに止まってくれて「どうぞ」と笑顔とジェスチャーで横断させてくれる。

日本ではどうでしょうか。信号機のない横断歩道を渡ろうとしている人を見たとき、どれだけの車が歩行者のために止まってくれるでしょうか。日本ではほとんど見ることのない光景が、イギリスでは当たり前にありました。

私は自らが指導するマナーを「マナーコミュニケーション」と名づけ、商標も登録しています。イギリス留学時の体験から、マナーのあるコミュニケーションがいかに気持ちのよいものか、人を幸せな気分にしてくれるかを知ったからです。マナーは相手の立場に立つ心から生まれるのです。

すべてのコミュニケーションは相手の立場に立って行われることで、たがいのプラスが生まれる。ゆえにマナーは人として身につけておく必須事項だというのが私の考えかたであり、マナーの原点だと思っています。こうしたことはすべてイギリスの日常生活で確固たるものとなりました。

日本では言葉が一人歩きします。「コミュニケーション」ならコミュニケーションの専門家、「コーチング」であればコーチングの専門家がいます。しかし技術や知識だけでは意味がありません。相手の立場に立った上でのコーチングやコミュニケーションでなければ意味がないのです。マナーはあらゆる専門ジャンルの基礎になるものだと私は考えています。

イギリスでの体験から多くのことを学ぶ

イギリスに語学留学した私の英語力は、中学校1年生レベルでした。ですから、英会話学校ではクラス制に入ってもついていけないと思ったため、マンツーマンの授業を受けていました。指導してくださったのはアンナというオックスフォード大学出身の女性で、日本の広島大学の大学院で日本のことを専門的に勉強したことのある先生でした。

オックスフォードは自然が豊かな地域で、土地の人たちも素朴です。女性たちは化粧をほとんどせず、人が自然体で暮らしている場所でした。私は自然の美しさというものをオックスフォードの暮らしで学びました。長かった髪をショートにして、リラックスした気持ちで過ごしていました。

アンナは私が指導を受けているあいだに結婚し、彼女の結婚式にも招待されました。そこでイギリスの結婚式も体験しました。さらに子どもが生まれ、彼女のそばでイギリス式の子育ても学びました。興味深かったのは、赤ちゃんにミルクを飲ませるときに「Please, Please」と言って飲ませること。だから赤ちゃんが最初に覚えるのがプリーズという言葉なのです。つまり「どうぞ、どうぞ」と相手中心にもてなし、他人にゆずる精神を、赤ちゃんのときに植えつけられます。だからイギリス人にはプリーズの精神が根づいています。

私には子どもがいませんが、アンナの子育てを見ながら、キッズマナーも学ばせてもらいました。そのときに学んだ子育て法については、その後、私に師事してくれた教え子であり、マナーコンサルタントとして教鞭《きょうべん》をとっている川道映里さんと共著『10歳までに身につけたい一生困らない子どものマナー』（青春出版社）にまとめました。この本は重版をくり返すロングセラーとなり、中国でも翻訳出版されています。

このように私は自分が実際に経験し、見聞きしたものをベースに、マナーを伝えています。そして自分が体験したことを伝えるというポリシーも、このころにできあがっていきました。

ちなみに私が行う洋食のテーブルマナー講座も、イギリスでの実体験や、貴族から直接、学んだものです。そして、それを英国の社交の場として有名なロイヤルアスコットなどの社交の場で実践した経験があります。私、西出ひろ子の伝えるマナーは、実体験したことがベースになっています。

そもそも自分がしたこともないことを、人に教えたり伝えたりできない、というのが私の考えかたです。

こうしてオックスフォードの生活を通じて、日本では評価されなかった「マナーは心」という信念が、霧が晴れるようにクリアになりました。オックスフォードで人々の心を通わせるマナーを目の当たりにして、私はハッキリと、自分の頭に描いていたマナーの考え方は間違っていないことを確信しました。イギリスでの生活の一つひとつに感謝するばかりです。そんな感謝の日々のなかでも、とりわけウィリアムという人物との出会いは運がよいとしか言いようがないくらい、格別のことでした。

オックスフォードでマナーの会社を設立

ウィリアム博士との出会いはまた偶然でした。当時、彼はオックスフォード大学大学院生で、遺伝子学の研究者でした。

私がオックスフォードの生活にも少しずつ慣れてきたころ、私は学校に通うだけでは飽き足らず、何か仕事をしたくなりました。しかし、ビザの関係で仕事を持つことは不可能です。そのことをもう一人の英語の先生に話をすると、「ヒロコに最適な人を紹介するわ！」と言って紹介されたのがウィリアム博士でした。

あるとき、彼から「ひろ子は何をやっている人なの？」と尋ねられ、日本でマナー講師をやっているという話をし、日本のお辞儀のしかたを披露しました。それを見た彼は「とてもおもしろい！」と言ってくれて、これをイギリスでやったらどうだとすすめられたのでした。そこからとんとん拍子に、彼と一緒にイギリスで会社を立ち上げることになりました。

その事業は、イギリスにいる日本人の学生たちに、帰国後に就職活動をするための準備として、日本のビジネスマナーを伝える、というもの。他方で、海外の人でもいずれ日本で仕事をしたいという外国人向けに、一から日本のビジネスマナーを指導することを計画しました。

私はウィリアム博士とともに活動をするなかで、英国流のビジネスマナー全般を教えてもらうことができました。たとえばビジネスの話の進めかたや電話でのやりとり、あるいはビジネスにおけるメールのやりとりのしかたなど、日本では学べない経験とマナーを身につけることができたことも貴重でした。

こうしてイギリスの地で、今の私を確立させる礎《いしずえ》を築いていったのでした。

日本でマナー講師を再スタート

31歳から35歳まで、4年間、私はイギリスにいましたが、その間に日本にも時々は戻り、マナー講師の仕事をし、また並行して秘書業もこなしました。世界的ファッションブランドの日本におけるPRのトップから、私設秘書を頼まれて、帰国中は彼女の仕事の手伝いをしていました。その私設秘書の仕事を通じて、ハイソサエティの世界を勉強させていただきました。世界のVIPが集うパーティーにも参加することができたのは、マナー講師としてやっていくにあたって、貴重な体験となっています。

前述の通り、私はパーティーのような晴れがましい場が好きなほうではありません。

ですが、それも一流のマナー講師になれるよう、勉強のつもりで参加させてもらったのでした。何事も〝実体験〟という私の信条からです。

このようにして私は、実際に見聞きしてきたマナーしか伝えない、というスタイルを確立していきました。自分が実際に経験したからこそ、自信を持って人に伝えることができます。型だけ覚えてマニュアル的に紹介するよりは、説得力があると思っています。

そして、私のマナーの原点は、イギリスのオックスフォードの町の人々のあいだで、生活に根づいた、日々当たり前に行われているマナーなのです。

イギリスの日常生活を通じて本当のマナーを学んだ私は、体験を通じて理論化した独自のマナー論を、日本の人たちにも伝えたいとの思いがふつふつと沸き上がってきました。35歳でイギリスを離れ、結婚を機に本格的に日本でマナー講師として活動を再開することにしました。

もちろん日本ではマナー指導といえば、型を教えるのが主流でしたが、私は私のマナー論を伝えることにしたのです。

そして、2003年に私の初めての著作となる『オックスフォード流一流になる人のビジネスマナー』（青春出版社）を上梓《じょうし》しました。2年後の2005年に発売された、拙著4冊目の『完全ビジネスマナー』（河出書房新社）がヒットし、ビジネスマナーのバイブルと言われ、マナー講師の人たちはほぼ全員この本を読んでいると言っても過言ではないくらいのロングセラーとなりました。そして2006年に『お仕事のマナーとコツ』（Gakken）が28万部のベストセラーとなりました。そこからしだいにマナー講師と認めてもらえるようになり、心を中心としたマナーが少しずつ広まっていくようになったのです。

マナーで世界を平和にしたい

この章では、私の半生を振り返りながら、私がマナーに生涯を捧げることになった経緯と、マナーを通じて世界に平和をもたらしたいという思いがどこから来ているのかを説明しました。紹介した通り、私のマナーの原点は、私の実家に起きた悲劇がもとになっています。

その後の弟の人生を報告します。

九州に帰った弟は母とともに暮らしていましたが、その後も生活自体に改善は見られず、母を心配させるような生きかたをしていました。私は帰国後、事業が軌道に乗りはじめたころを見計らって、弟を社員として入社させることを決めました。

弟のことで苦労していた母が気の毒に思ったからです。弟の面倒を見るにあたって、じつは夫から強く反対されました。たとえ姉といえども弟の人生を更生させることは難しく、いずれは姉である私に災いがもたらされる、というのが夫の見立てでした。

私がしたいということはいつでも「やってみるといいよ」と応援してくれる夫。彼が反対したのは、それが唯一のことでした。しかし、私は自分が学んできたマナーの力を信じていました。強く反対する夫に土下座をして許しを請い、渋々、承知してもらったのでした。

弟もしばらくは私のサポート役としてまじめに仕事をしていました。彼なりに人生をもう一度、立て直したいという思いでいることは、私にも伝わってきました。ところが結果として夫が正しかったのです。またしてもお金のことで、問題を起こしてしまいました。身内だからと不問に付しては、ほかの社員に示しがつきません。

私は、弟に会社を辞めてもらい、再び九州の母のもとに帰ってもらいました。ところがどういう経緯でそうなってしまったのか今も理解できないのですが、しばらくして母が、私に対して訴訟を起こしたのです。それもお金にからむ訴えだったのですが、私にはまったく身に覚えのないことで、まるで言いがかりのようでした。もちろん、まるで母に勝ち目のない訴訟でした。

私は途中で和解案を持ちかけましたが、母はそれを拒絶してきました。

私の出した条件とは、母と弟に謝罪文を送ってほしいということでした。あらぬ嫌疑で私に精神的な負担をかけたことだけは謝ってほしい、という一心でした。しかし、母から謝罪文が届くことはありませんでした。とうとう母は最高裁にまで上告したのですが、母の訴えは退けられました。これほど後味の悪いものはありませんでした。

じつは、弟からは謝罪文が届いていました。この裁判が意味のない訴えであることは、弟がもっとも、理解していました。

母のもとに帰らせる以外の方法がなかったかと、私は自分を責めるしかありませんでした。

弟の訃報が届いたのは、この係争中、母が私を高裁に訴えたあとのことです。

父と同様に自ら命を絶ってしまいました。母のいる九州ではなく、大学時代を過ごした東京の町で、彼は今世での自らの人生を終わらせました。

現在、私は母の居場所さえ知りません。唯一のじつの親と音信不通のままです。

おたがいの意見を聞かない家庭は、これほど悲惨な不幸を招きます。そのことを私は自分の境遇のなかで痛いほど学んできました。

母は、料理をはじめとする家事はすべて完璧にこなし、年中行事やしきたりにも詳しく、それらをきちんと型通り行う人でした。しかし、どんなにマナーの型を知り、それを身につけて実践しても、幸せになれなかったではないか……。残念でなりません……。マナーはかしこまった席でのみ必要なのではなく、家族、家庭にこそ必要なのだと心底思います。そして、それは型ではなく、マナーのある思いやりのあるコミュニケーション。家族がたがいの主張を受け止められなくなると、全員が不幸に陥ってしまいます。ですから私はマナーというものを通じて、諍《いさか》いのない家庭を築いてもらいたいと考えています。仕事で出会う人間関係、職場も同様です。

明るく思いやりのある家庭や職場が世界に増えていけば、やがては戦争のない世界、人と人が醜く争うことのない世界を築くことができると信じています。私がマナーを伝える最終目標はここにあります。

今回、ここまで赤裸々に私の身の上のことを明らかにしたのも、私が心のマナーをどれほど真剣な思いで伝えてきたか、皆さんに理解していただきたいという思いからです。

第8章では、私がこのようなマナー一筋の生きかたのなかで見つけ、確立してきた考えかたをお伝えするとともに、人がハッピーに生きていくために大切なことについて提案してみたいと思います。

第8章

マナーはだれのためのものなのか……本当のマナーとは

マナーとプロトコルの違いを明確に区別する

マナーとは相手の立場に立って物事を考え、発言し、行動することです。

マナーを日本語に訳すと「礼儀」となります。

礼儀の「礼」は相手に対する思いやりで、「儀」は型や形式のこと。マナーも礼儀もまずは相手の立場に立つ＝相手に対する思いやりの心があって、その結果、相手のことを考えて発言したり、行動したりすることで、あなたの気持ちを形として表現していくことです。

それに対してプロトコルとは、世界で定められた「国際儀礼」。だれもが守るべきルールとして定められた形式や型を指します。個人の心や気持ちとは関係なく、従わなければならないものです。

マナーは心ありきであり、プロトコルは型ありき。ところが、ほとんどの人がマナーとプロトコルを混同してしまっているのが日本の現状です。というよりマナー＝プロトコルとして認識しているのが実情です。もちろん、その型も、理由あってそうなっていることはお伝えしておきます。

にもかかわらず、なぜこれらを勘違いしている人が多いのかといえば、マナー講師がそのように伝えてしまっているからです。そもそも多くのマナー講師たちがそれを型や形式ととらえ、それを教えているから。ですから教わる生徒も自然にそう認識してしまっています。

もう一つ、日本では歴史的に「型」重視の文化を育《はぐく》んできたことも要因のひとつとして考えられます。まずは型を覚えることをよしとするため、マナーを教わっても型で覚えてしまおうとする傾向が強いのです。

ところがマナーには正解がありません。それよりも心のありようが問われますから、とらえどころがないのです。そんな日本人の特性を見透かしたように、次々に新しい型や形式が編み出されている――というのが、今の日本の現状だと私は思っています。心さえあれば、型や形式は気にしなくても通じると断言できます。

「おはよう」がいいのか「こんにちは」がいいのか迷う前に、あいさつをしようという気持ちがマナーの基本です。

それがあれば「おはよう」だろうと「こんにちは」だろうと、気持ちは通じ合えます。人と人が心を通わせ、温かくなり、幸せな気分になるための行動がマナーなのです。

日本人は「型」が大好き

日本では日常のちょっとしたことにも、正しい型や形式を求めます。ネットユーザーが新種のマナーに対して目くじらを立てるのも、それが守るに値するかどうかの線引きが曖昧だからではないでしょうか。つまり「正解」を知りたがっているということです。しかし、何度もくり返しますが、マナーに正解はありません。その時々の状況などに応じて言葉や行動を選ぶのがマナーです。

日本人は正解がわからなければ、お礼も言えないといったことになりがちです。それは何事も型通りに行うことが当たり前になっているからでしょう。言い換えれば、型通りにそれを行えばそれでよい、安心、心がなくても……ということにつながっていく気がするのは私だけでしょうか。だから「慇懃無礼《いんぎんぶれい》」という言葉が誕生したのではないでしょうか。

傾向として、日本人はルールや規則には従うが、そうでないものは二の次になってしまいます。だからだれかに型を決めてほしい。そこにマナー講師が求められました。

その意味で日本人は型が大好きな国民なのだろうと思います。そうした日本人のニーズに応えるかのように、マナー講師が次々に新しい型、世間で言われる〝失礼〟をつくり、実質的に規則やルールとしてそれをマナーと言って教えているのが現状ではないでしょうか。私もそうでしたが、メールが発明されればメールのマナー、携帯電話、スマホ、SNS、LINE、テレワーク、オンラインサロンなどなど、時代とともに新しい物事が出てくるたびに、それらのマナーについて聞かれます。聞かれるから答える、マナー講師はそれらを求められるから応えている——ということを理解してほしいのです。

スルーしていいような人に、エビデンスのない「型」を命じられることは嫌なものです。私も同じです。型通りにやりなさい、と言われても、正当な理由がなければ素直に従えません。みんな同じだと思います。

マナー講師が「失礼クリエイター」と呼ばれ、嫌う人がいるのは、結局のところ、マナー講師がマナーの本質を理解しないまま規則やルールのように型と形式を人々に押しつけているからではないでしょうか。

私は、マナーの本質を学ぶべきはマナー講師ではないかと思っています。

マナー講師の質が問われている今、マナー講師の言うことを100%鵜《う》呑《の》みにする必要はないはずです。とくに、裏づけのないマナーはスルーしていいのです。マナーには必ずその根拠となる歴史や考え方があります。なぜそのマナーができたのか、あるいは必要なのか、理由を説明できないマナー講師の話は実践しなくていいのです。根拠のあやふやなマナーにつき合っている時間は私たちにはないはずです。

じつのところ、マナーの型はすでにこの数十年の間でメディアや書籍で出尽くしていますす。ですから目新しいものを求められるとなると、自分でクリエイトしてしまうことになります。しかし、今、マナー業界にとって必要なのは、新しいマナーをつくるよりも、これまでに正しいとされてきたマナーの見直し作業なのです。本質的なものは変わらなくても、たとえばどんな言葉を遣うかなどは、時代によって変わります。

2020年、私はNTTが提供する弔電や祝電の文例の改訂作業を依頼されました。そもそも弔電や祝電というのは定型の文面でかまいませんが、それにしても言い回しや言葉遣いが古くなり、今では意味が通じなくなってしまった言葉や、こちらの気持ちが伝わりづらい表現になっています。そういった文例を、もともとの弔意や祝意を伝えたいという思いをそのまま、現代的な表現に修正するという作業でした。

今の時代に求められているマナーの見直しとは、そういうことではないかと思っています。長い年月を経てつくられたマナーを、覆《くつがえ》すような新しいマナーが必要なのではなく、より現代にあったものにバージョンアップしていくということが、マナー講師の重要な役目ではないでしょうか。

ですから皆さんも、目新しいマナーに対して、あまり神経質になる必要はないと私は思っています。くり返しますが、マナー講師が言っていることが絶対的ではないのです。茶道もはじめはひとつの型だけだったと思います。しかし、それが裏千家や表千家など、今ではいくつもの流派があります。それぞれに型が異なるわけです。マナー講師たちも同様ではないでしょうか。それぞれに考えかたが異なり、それぞれに伝える内容が違うこともあります。どの流派で学ぶのか、どのマナー講師が言っていることを取り入れるのかは、あなたの自由なのです。

他人の「失礼」を指摘する人は失礼

もう一つ大事なのは、人に「あなたは失礼だ」と指摘する行為もまた失礼である――ということです。人それぞれにさまざまな考えかたがあるというのがマナーの基本姿勢です。自分が思っているマナーに反している人がいたときに、攻撃したり指摘したりするのは、相手とまったく同じことをしているのに等しいこと。マナーは人に押しつけるものではありません。

第2章で伝えた、イギリスの女王のフィンガーボウルのエピソードを思い出してください。彼女はフィンガーボウルの水を飲んだ人を咎《とが》めなかっただけでなく、その人が恥をかかないよう、率先して自分もマナーの型を破ってみせました。

英国王室のマナーに関するエピソードはほかにもあり、世界中に報道されずとも、イギリス国内ではしばしばそれが報道されます。なかでも有名なのは次のエピソードです。

2009年、米国のオバマ大統領夫妻（当時）がイギリスを訪れ、初めて女王に謁見した際、ミシェル夫人がエリザベス女王の肩に手を回したことがありました。公式の場では何人たりとも女王に触れてはいけないというのが、国際ルール。見ている人が全員息を呑《の》みました。そのとき、女王はどうしたか。ミシェル夫人の腰に手を回したのです。その女王の計らいで、ミシェル夫人がイギリス国民から非難されることはありませんでした。

それまで夫人と談笑していた女王は、ミシェル夫人のその行動が親愛の情の表れとすぐに察知して機転を利かせたのです。もしエリザベス女王がそこで機嫌を損ねたり表情を変えたりしてみせたとしたら、国際問題に発展した可能性もあります。

この話からも、マナーは型ではないことがおわかりいただけるのではないでしょうか。マナーというのは型通りにやっていれば正解というわけではないし、型が外れたからといって間違いではありません。その相手への思いやり、愛の表現こそがマナーの本質です。

もちろん、これは相手に親しい気持ちを抱いているときのこと。相手に対して不信感や反感があればそう簡単にはいきません。それでも非難したり攻撃したりすることはマナーに反します。

そもそも考えの違う人とは話が合わないし、いくら説明しても話は噛み合いません。そういう人と議論をしても時間の無駄です。そういう場合はスルーすればいいのです。その束の間の正義感で、感情にまかせてSNS上で怒りの言葉をぶつけることは、マナー違反なのかどうか。

人気漫画『ジョジョの奇妙な大冒険』の外伝『岸辺露伴は動かない「富豪村」』の原作で私はマナー監修を務めています。そして、NHKドラマで放送された『岸辺露伴は動かない「富豪村」』でも、マナー指導とマナー監修に入りました。後者では、監督との打ち合わせのときに、マナーの本質や真髄の話をし、マナーは型以前に、相手の立場に立ち、相手に恥をかかせない思いやりの心であることなどを説明しました。それが監督から脚本家に伝わって、主人公、露伴先生のセリフとして形となり、放送後はTwitter（現X《エックス》）などで露伴先生の言っていることが本当のマナーだと絶賛されました。先の問いに露伴先生ならば「それは相手の立場に立ってみればわかるよね」と、マナーの本質を大切に、とおっしゃると思います。

マナーの本質は型ではなく相手を思いやる心

私がこの本でもっとも伝えたいことはもうおわかりのように、マナーの本質は型ではなく相手を思いやる心だということです。ルール（作法）は型、マナー（礼儀）は心。守るべき型は存在します。それはプロトコルと呼ばれ、国際的な儀礼として世界共通のものです。これは世界のどこでも通用する型であり、決まった形式です。

しかし、マナーは時と場合によって変わります。つまりＴＰＰＯ（Time＝時、Place＝場所、Person＝人・相手、Position＝立場、Occasion＝場合）に応じて、そのスタイルは変わるものなのです。

今が朝か昼か夜なのか――そこはどんな場所なのか――相手はだれなのか――その席で自分はホストなのかゲストなのか――お祝いの席なのか会議なのか――。

さまざまな要因から、とるべき行動や言動を適宜《てきぎ》選ばなければなりません。

マナーとはこれだ、と一つに決まっていないということを、本書をきっかけに皆さんにはわかっていただけたら有り難く思います。

マナーには必ず相手に対する思いやりが含まれているものです。相手の立場に立って思いやりの心を表現するものでないものは、すべてマナーではありません。

新しい時代に必要なマナー感覚

マナーは、その人の生き様、生きかたが浮き彫りになります。

それでは、これからのマナーはどんなものになるのかと言うと「選択の時代」に入っていくと私は考えています。

画一的な規範をつくって、それをみんなで守るという時代は終わったのです。これからは何が自分にとって大切なのか、そこをしっかりと自分自身で見つめて、自分にふさわしいマナーを選ぶ時代が到来しました。つまり、マナーを身につけるには、自分の価値観を確立する必要があります。

よく「エレガントな人」などという表現がありますが、それは上品で優雅な人という意味でとらえるのが常ですが……じつは自分で選択できる人という意味があります。「エレガンス」(形容詞は、「エレガント」)、この言葉の語源をたどっていくとラテン語の「legere（レゲレ）」であり〝選ぶ〟を意味するからです。

真の意味でエレガントさが問われるのが、これからの生きかただと思います。

『国家の品格』がベストセラーになった理由

2005年に『国家の品格』（藤原正彦　著）という本がベストセラーになりました。その理由を考えると、やはりタイトルについた「国家」と「品格」という言葉……この二つは、日本人が日ごろからとても気にしているキーワードなのだと思います。

そこで政府や国民のありかたについて、マナーの視点で考えてみたいと思います。たとえば、政府の無策ぶりが連日報道でとりざたされることがあります。国家における品格とはそういうときの国民の姿勢に表れると思います。

このような状況をTPPOに則って考えるなら、最優先は、命を守ることが最大課題です。

とかく緊急時に大事なことは、無策なだれかをみんなで一斉攻撃することではないと考えます。もちろん、そうすることでトップが変わり、私たち国民にとってプラスに動くことはあります。しかし、もしほかにトップになる候補者がいなければ、現状維持でなんとかそれをプラスに持っていく必要があります。人は攻撃されれば元気もなくなるし、嫌な気分にもなります。国民から一斉にいろいろなことを言われてしまうと、どれだけ強い人でも体調をくずすに違いありません。そうなればいい発想も行動もできなくなります。

自分たちの国家のトップをむやみに批判したり、罵倒したり、攻撃したりすることで、具体的に何か変わるでしょうか。国民にとってもいいことはありません。だからもっと上手に、いい意味で賢く、言葉の使いかたを考えて、相手のモチベーションをアップする言いかたで伝えていくことが大事です。マナーとはそういうことだと思います。退陣してほしければ、相手が自らそうするように、言いかたを変えて伝えていけばいいと思います。もちろん、ハッキリと言わなければ気づかない人もいるわけですが……

反対意見は言っていいのです。反論だって唱えていいのです。しかし、反対意見を出すときの言いかた、言葉の選びかたは大切です。

あなたは何のためにそのコメントを発信するのでしょうか。正義感で投稿するなら、よりよい世界をつくることを目的に書いてもらいたいと思います。よりよい世界をつくるためには、腹立たしいからといって暴言を投げつけて、だれかをむやみに傷つける必要はあるのでしょうか。結果的に正義、平和になる世界をつくるような言いかたをしてほしい、のです。

また、品格についても、日本人がＳＮＳという場所から罵詈雑言《ばりぞうごん》をなくせば「日本は品格、真の意味においての礼儀がある国民」と思われるでしょう。

一人ひとりにマナー、すなわち礼儀がなければ、国家の品格にはなりえません。ですから、まず「自分づくり」が大事で、一度相手の立場に立って、自分がこう言われたらどう思うかなと想像してみましょう。そういうマナーを一人ひとりが持っていれば、おのずと品格のある国になり、品格のある会社にもなっていくはずです。

くり返しますが、イエスマンになれ、と言っているわけではありません。言いたいことがあればそれを伝えるのはまったくかまいません。議論するのはとてもいいことです。しかし、日本では議論＝口論になりがちです。議論とは相手を打ち負かすことでもなければ、やりこめることでもないのです。

イギリスでは議論する習慣が根づいています。たとえば、オックスフォード大学なら、チュートリアルシステムという教育法があり、学生と教授が議論をする教育が行われています。たがいに思っていることを言い合って、よりよい答えを出していきましょう、というのが本来の議論の目的です。その教育が日本では行われていません。

マナーとはつまりコミュニケーション能力です。マナーはコミュニケーションと直結しています。欧米の人々は、コミュニケーションをとても重視します。

日本人は「表向きは言わない」ことを美徳としています。波風立てないよう自制するのが美しい態度だという。

ところが胸の内では不満を抱えて、陰口を叩いたり、ネットで書いたりします。そのほうが、よほど品がないと私は思います。それは卑怯《ひきょう》なやり口だから……。

しかもSNSでは実名を出しません。本来、言いたいことがあるなら、まず自分から名乗り、言いたいことがあるならきちんと正々堂々と伝えたらいいと思うわけです。表向きは取り繕《つくろ》い、陰で騒ぎ立てるというのは、いかがなものかと思います。それはSNSの世界に限ったことではありません。

一方で、意見をすることがすぐに感情論に結びつき、最悪な事態を招くことにも。電車のなかで態度の悪い人に注意をしたら、逆に刺されてしまったという事件もあります。

だれもケガをしたくないから見て見ぬふりをします。

煽《あお》り運転も同じです。自分が危険なことをしておいて、クラクションを鳴らされたら逆上して、攻撃的な態度に出ます。本来、周囲から注意を受けたら、自分に非があることを学ぶ機会にするのが、マナーというものです。

日本のニュースを見る限り、とても品がある国には思えません。そう思っている人が多いからこそ『国家の品格』がベストセラーになったのではないでしょうか。

マナーというと、多くの人はあらたまった場所での所作や振る舞いのことだと思っている人が多いですが、本来は日常生活のなかで実践されるべきものです。その日常で大切にするということから始める必要があると私は思います。34ページで紹介した明治時代に刊行された『國民日常大鑑』に書いてある通りです。

坂本龍馬の人気の秘密はコミュニケーション能力

テレビ番組が企画する、日本人が好きな偉人ランキングでは、坂本龍馬がナンバーワンになります。なぜ坂本龍馬はこれほど日本人に人気があるのでしょうか。その秘密は、コミュニケーション能力に長けていたことではないかと私は思っています。そして彼の原動力が、とにもかくにも日本中の人が笑顔で明るく暮らせる、そんな日本をつくりたいという志だったことも、国民から愛される理由だと思います。

血を流すことなく、日本を変えようとした彼の交渉力と行動力。まさに平和な国をつくるためにふさわしい努力でした。この交渉力が、今、大事なのです。

国づくりも事業運営も、すべて反対派と賛成派とに分かれた議論が行われます。そこでどう交渉して、穏便に、たがいがハッピーになるのか。ベストではないかもしれないが、ベターをつくり上げていく作業が必要になります。

坂本龍馬はそれに長けていました。その龍馬が常に人気ナンバーワンであり続けるのは、日本人の多くの人が自らのコミュニケーション能力に自信がないということかもしれません。ないからこそ憧れる、という面もうかがえます。

憧れるなら真似するところからスタートしたらどうでしょうか。

前述した通り、日本には「守破離」という考えかたがあります。まずは型を〝守〟る。つまりは真似るということ。

好きなアイドルがいたら、まず髪型を同じにしてみるというのと同じです。その人になりきることで、内面もその人のようになり、たとえば坂本龍馬ならみんながハッピーになるような平和な社会をつくろうという内面になって、コミュニケーションをとれるなら、それはそれでいいと思います。

しかし、往々にして日本人は型だけ真似て、中身は変わりません。ゆえに何も変わらないことがしばしば起きます。見た目を変えたあとは、そこを〝破〟る段階が来ます。そして、やがてはそこを〝離〟れて、自分独自のものを確立するわけです。

型だけに満足しないで、自らを確立するところまでしっかりと学んで努力することで、なりたい自分、目指す自分、よりよい人生がひらけていくと信じています。それこそが日本人が本来得意な物事の身につけかたのはずです。

マナーの基本は素直に実践すること

私はマナーに関するコンサルティングを数多くこなしていますが、結果を出す人たちに共通していることがあります。それは素直さです。

言われたこと、聞いてよいと思ったことを「あっそうなんですね。じゃあやってみます」と、素直に実践する人は、それこそ話下手でも、セールスで急に成績を伸ばすといったことは日常的に起きます。

「先生、それちょっと難しい」「無理です」と言ってしまうと、本当にできなくなってしまいます。言葉には、自分のことさえも暗示にかける力があるからです。

人生を切り開き、後悔のない人生を歩むには、心からのマナーを身につけ、それを素直に実践するのが人生の極意だと思います。

マナーを身につければ、相手や周囲を明るく気持ちよくすることができます。相手にプラスの影響を与えることができるのです。

こちらの思いやりに相手が何も返してくれなくても、どこかから返ってくるものです。

私の場合、NHKドラマのマナー指導の仕事をいただくきっかけになったのも、自ら望み、努力して勝ち得たものではありません。それまで私は、ドラマのマナー指導という仕事があることさえ知りませんでした。テレビの現場でマナー指導者になりたいと思ったこともなかったのです。

ＮＨＫのドラマでマナー指導者として選ばれたとき――今思えば「一度会って、話を聞かせてほしい」と言われたあれは面接実技試験だったのだと思うのですが――。２回目の面談では「このＡＤを主人公役の俳優だと思って、マナー指導をしてみてください」と言われたのです。私は即座に断りました。その場は一瞬、気まずい空気になりました。おそらく彼らは、私がどのような内容をどんな言いかた、伝えかたでマナー指導をするのかを見て、ほかの候補者と比較検討したかったのでしょうが、それはできないし、そんなことをしても参考にはならないことを伝えました。なぜならば、このＡＤの方とその俳優は違う人だから。持っている知識も違うし、受け取りかたも違います。私はつねに、同じことを伝えるにも、その相手に応じて伝えかたを変えています。その人に受け入れてもらえるよう、その人に合った伝えかたをしていく。前述の企業研修と同様の考えかたです。

そんな私がＮＨＫから選ばれ、大河ドラマのマナー指導まで行わせていただくようになりました。

このように、夢のような出来事がありがたいことに年に１回は必ず起きます。あなたも心からのマナーを身につければ、思ってもなかったような幸運が、年に1回必ず起きると信じていただきたいです。

なぜそんなことが起きるのか。自分がそれにふさわしいか、ふさわしくないか、その能力があるのかないのかとは別に、少なくともいつも相手の立場に立つことを実践していれば、それをきっとだれかが見て評価してくれている。それは天かもしれないし、ご先祖さまかもしれないし、身近にいる人かもしれません。だから自然と新しい人生が切り開かれるのです。お天道様は見ている。私はそれを何度も体験してきました。

いい表情を浮かべておくことも、つねに意識しています。もちろん自分からあいさつをすることも忘れません。

でも一人のときだけは自分をいたわる時間。それは自分に対するマナーだと思っています。無理のない範囲で実践してみることをおすすめします。その積み重ねがあれば、いざピンチを迎えたときに、必ずあなたを助けてくれる人が現れることでしょう。

ここで、私が提唱しているASTEPをご紹介しておきます。

アステップ

①Aが「After you」お先にどうぞ。

②Sは「Sorry」申し訳ありません、ごめんなさい。

③Tが「Thank you」ありがとう。
④Eが「Excuse me」今お時間よろしいですかとワンテンポ、ワンクッション入れて、相手の都合を伺ってからコミュニケーションをとる。
⑤Pは「Please」どうぞ。

この5つの言葉をいつも私は意識しています。

たとえば自分からごめんなさいと言える人は、信用、信頼につながります。それだけで、じつはいい人間関係を築けます。

逆に、ごめんなさいの一言が言えなかったばかりに、せっかくの関係がくずれてしまうことも多いと思います。それはとてももったいないことです。

いらぬおせっかいだと言われそうですが、私は後悔しない人生をあなたに送ってほしいのです。それは私の実父と弟のことがあったからそう思うのです。悲劇は突然、起きます。ちゃんとお礼を言っておけばよかった、あれをしてあげればよかった、と思ってももう遅いということがあります。

そうした失敗を経て、その後の人生を後悔のないものにしたいという思いが人一倍強くなったと思います。だから皆さんにもそうしてもらいたいから、ありがた迷惑、おせっかいかもしれませんが、私は企業でも個人の方々にもマナーを伝えることに使命、いや、今では天命を感じています。

難しいマナーを一つずつ覚える必要はありません。それよりも「ごめんなさい」「ありがとう」を惜しまないこと。

とてもシンプルなことですが、私たちは当たり前のことを忘れてしまいがちなのです。

マナーを企業発展の目的から個人の幸せに広げたい

ほとんどの日本人はマナーを会社で働くために学んできました。そうでなければ、晴れの席や葬祭や法事などのあらたまった席での場合に限られます。日常生活のなかの礼儀については、家庭教育の領域でした。礼儀とマナーはほぼ同義なのですが、日本人はマナーを「型」と、とらえています。

私も最近は、日本の多くの人が型を求めるのであれば、もうそれでもいいのではないかと思うときもあります。

ただそれを忠実に実践したからといって、幸せになれるとは限らない、ということは申し上げておきます。

何度もくり返しになって恐縮ですが、幸せになるには型だけのマナーではなく、相手の気持ちを慮り、相手の立場に立った心からのマナー、心のこもったコミュニケーションが必要となります。心のマナーを実践すれば、自分だけではなく、双方が幸せになっていきます。

ただこれは、皆さんの選択の問題です。

見た目や型だけでいいと思うなら、それをマナーとして実践すればいいのです。いやいや、相手を思いやるのがマナーだよね、と思う人はそうしてください。

自分もハッピーになり、ほかの人もハッピーになってもらいたいという人たちの輪のなかに入るか、自己満足のマナーを実践する人たちの輪のなかに入るのか……。両者は水と油で、溶け合うことはないでしょう。そしてどちらのグループに入るかは、個人の自由だと私は思います。

自分が心地いいと思う人たちと一緒にいるのがいいでしょうし、類は友を呼ぶというのは本当にあることで、同じような考えの人は集まってしまうものです。

ですが、長い年月の中で、結果ははっきりと分かれるでしょう。これを私は「マナー貯金」と言っています。すなわち、相手の立場に立ち、思いやりを持って考え、行動することで、マナー貯金が増えていきます。時に、人に思いやりを持てないときもあるでしょう。そういうときは、このマナー貯金からそれを使っていきます。マナー貯金があればあるほど、心と人間関係豊かな人生を送ることができます。貯金があれば運用をして、さらにお金をふやすことも可能になります。お金に余裕があるからこそ、社会貢献やだれかをサポートすることもできるのではないでしょうか。そこに実際のお金もついてくると信じています。ですから、最終的にその結果は分かれるわけです。

つまり、どんな環境に身を置くのかが重要です。どんな人たちとつきあい、どんな職場で働くか。マナーはその人の生きかたを表します。

もちろん会社は入社してみなければわからないこともあるでしょう。そういうときは、無理をして嫌な環境に身を置くことでストレスになり、健康でなくなるのは本末転倒です。自分の心の声に素直に正直に、心地悪い環境に身を置かないことも自分に対しての大切なマナーです。

今までの日本社会は、忍耐力を重視してきました。ですが、もう時代は大きく変わっています。年功序列もなければ、終身雇用でもない。会社を辞めたからといって、社会人失格の烙印を押される時代ではなくなりました。自分を犠牲にしてまでも、向いていない環境にいる必要はありません。

もちろん、少しくらいの苦境で辞めるのはおすすめしません。むしろ自分に問題があると認識しているなら、できる範囲の努力をしてみましょう。しかし、努力しても改善されず、このままでは自分が自分でなくなってしまう、と危機を感じれば、離れてもいいんです。それも含めて、本当に自分が柔軟に選択をしていくのが、これからの生きかただと思います。

とはいえ、生活がかかればそう簡単に辞めることもできないこともあるでしょう。その場合でも、自分が身を置いている場所や関係者を悪く言ってはいけません。それはのちに自分に返ってきます。自分がされて嫌なことは人にはしない、言わない。これもマナーです。

私はこの本で相手の立場に立つことの大切さを力説してきましたが、その相手には〝自分〟も含まれていることをここに伝えます。自分がハッピーでなければ、人をハッピーにすることなどできません。

SNSとのつき合いもそうです。Facebook、Twitter（現X《エックス》）、Instagram……。夢中になればそれだけで一日が終わってしまいます。

私自身、いただいたコメント全部にお礼の返信をしていると、それだけで時が過ぎていき、仕事をしている時間がなくなってしまいます。これもやはり自分で選択して、徐々にSNSを見る回数も減らすなどして、自分なりの調整をするようにしています。それも含めて選択の問題なのです。何が自分にとって大事なのかをよく考えて行動することもマナーなのです。

それと同時に、どんな投稿をするのかも選択の問題です。自分もハッピーになり、それを見た人も笑顔になるような、そんなSNSの世界になってほしい。

みんながハッピーに生きていける社会の礎となるのがマナーです。そのマナーを伝えるのが本来のマナー講師の仕事。だからこそマナー講師の人たちには、人を困惑させるのではなく、ましてやいらだたせるのではなく、自然にハッピーになるようなマナーを広めていってもらいたい。私自身もそうありたいと思っています。

あとがき

マナー講師は再び信頼を得られるか

コロナ禍において、マナー講師やマナー業界について話をしてほしい、との取材依頼がメディアから届くようになりました。そのなかには、YouTubeで「マナー講師を斬る！」と題してシリーズ化しているCCユニバーシティの代表・澤田哲理さんからの出演オファーがあり、私は断ってもらおうと出演しました。ところが、澤田さんからは次のようなコメントをいただきました。「『マナー講師を斬る！』という企画であったが、ひろ子先生のマナーに対する姿勢（マナーは心）に共鳴。ほかのマナー講師とまったく違うと認識し、斬ることなく意気投合しました」。番組には、講師の藤木健さんも同席し、私はマナー講師やマナー業界についての質問に答えました。

冒頭に記した通り、本書が生まれるきっかけは、私の著書に対するデマ炎上騒ぎです。また、相次ぐネットでの誹謗中傷が原因となって起きる痛ましい事件が心に引っかかり、言論の自由とはいえども「ネットの世界にもやはりマナーは必要」という気持ちが強くなりました。そして、「型」を重視した実用書ではなく、「心」を中心としたマナー本の存在が必要なのではないか、と。

第7章、私の家庭で起きた問題については、決して不幸自慢をして同情をひきたいわけではなく、どうして私が心を中心としたマナーにこだわるのか、その核となる部分を伝えることで、真のマナーの大切さに納得していただけたらありがたいという思いから書きました。

マナーコンサルタントを名乗っているものの、私自身、完璧な人間ではありません。人として、まだまだ成長途中であるし、仕事で失敗することもあります。本書の制作中にも新たな発見や、思い違いをしていた部分など多くの学びがありました。

たとえば私は、炎上事件が起きた際に誹謗中傷を書きこむ人間は若者が多いと認識していたのですが『炎上とクチコミの経済学』（山口真一　著）という書籍によると、年齢は関係なく、中高年や高齢者など、立場を確立した大人も参加しているというデータが示されていて驚きました。

「障がい者」の「がい」の表記についても、当事者からするとネット検索しづらくなるから、元の漢字表記のほうがいい、という意見を人づてに聞き、人によって見かたや考えかたの違いがあるということをあらためて知ることができました。このような言葉の表現に対する議論も、表記という形から入ることも大事なのかもしれませんが、やはりそれ以前の人々の心、根本をクリアさせていくことが大切と感じます。

そして、最終的に、もはやほかのマナー講師に忖度《そんたく》はせず言いたいことを言ったほうがいい、という思いにさせてくれた人物がいます。それは、2ちゃんねるの開設者「ひろゆきさん」と、音声配信SNSのclubhouseで知り合った「福ちゃん」です。

ひろゆきさんとは彼が司会するABEMA TVの番組から出演依頼があり、生放送の場でやりとりをしたことがあります。彼は、とにかく「頭がいい!」という印象です。意見をハッキリと述べる姿に、純真さを感じました。

福ちゃんに関してはいつも人のために全力〝本気〟の姿勢に衝撃と感銘を受けました。

この二人に共通していることは、自分に〝正直〟であること。こんなにも思っていることを正直に言えてすごい、と思ったと同時に「うらやましい」とも思いました。私の場合、何か言うとすぐに「マナー講師のくせして」「またマナー講師が勝手なことを言い出した」などと言われて炎上してしまう……私はまだよくても、スタッフや家族に迷惑をかけてしまう……。だから言いたいことにふたをして、ひかえ目に伝えなければならない……そんな私の生きかた、このままでよいのかな、と考えさせてくれた二人です。

本書では、今までの拙著にはない社会問題にも触れていますが、マナーのみならず、日本のマネーについても危惧しています。日本はお金の教育につき、欧米に比べて遅れており、このままでは先進国からとり残されていく恐れは否めません。今後は、小学校でのマナーやマネー教育の重要性や、マナー力でマネーを生み出す秘訣《ひけつ》もウェルネスマナーの一環として発信していきたいと思います。マナー力で心も経済も健康で豊かな国になってほしいと願います。

父が人生に自ら幕を閉じたのが55歳でした。私はその55歳を一つの目標として生きてきました。そして55歳からは、マナー講師、マナー業界の一員である以前に、一人の〝人〟として思っていることを正直に、マナーを伝えていきたい。そして57歳になろうとしている今、この本を刊行したことで、ここにあなたと出会えました。感謝しかありません。心から深く、90度以上の深いお辞儀をしながら「ありがとうございます」をお伝えします。

本書の大元となる電子書籍をつくってくださったアドレナライズ社長の井手邦俊さん、ライターの大島七々三さんにも感謝いたしております。ありがとうございます。

そして、デザイナーをはじめ、本書に関係くださった皆さま、印刷所、取次店、書店の皆さまにも心から感謝御礼申し上げます。

また、本書を推薦、応援くださった、国民的人気タレントの北斗晶さまにも感謝御礼申し上げます。さらに、本書制作中に私を支えてくださった、美容研究家で博士の銀座・トマト代表取締役 勝見地映子様、気くばりや人間力、生きかたを学ばせていただいております、VAV倶楽部 会長の近藤昌平さま、葬儀のマナーなどをご指導いただいております、愛知県圓福寺 住職の小島雅道上人、さらに、皇室や外交におけるマナーなどについてご教示いただいております元外交官で宮内庁式部副長をお務めになられた竹元正美先生にも、深く感謝御礼申し上げます。

本書において、私は、私なりのマナーの考えかたを提示しました。それをとり入れて生かすのも、あるいは無視するのも、あなたしだいです。マナーは「選択の時代」へ入りました。情報社会の今、何を信じればいいのかわからないときがあるかもしれません。心が折れそうになることもあるでしょう。そういうときに備えて、信頼できる友人、家族の存在はとても大きいものです。夜中のSNSを通じて、自殺をとどまった人もいると聞きます。SNSでの出会いからハッピーは生まれます。SNSはプラスを生み出す場であってほしいと強く願っています。

私自身、身に覚えのない誹謗中傷や悪意のあるいじめ、嫌がらせに遭ったとき、そういうマイナスなエネルギーに潰《つぶ》されないよう、これからも「心の筋肉」を鍛えていこうと思います。そして、マナーを土台に「健康」「美容」「経済」を生み出しよりよい人生を実現するウェルネスマナーをマナーある生き方として伝えてまいります。

ここまで本書を読んでくださったあなたに、心からの「ありがとう」を伝えます。マナーはあなたを守ってくれるものだから……。あなたなりのマナー道を確立し、幸せだと感じる人たちと、幸せな時間を過ごしていただければと願っています。

心より愛と感謝をこめて。

西出ひろ子

＊

謝辞1

先人が語り伝えてくれた、しきたりや慣習あってのマナー界であることは忘れてはいけない。それらを伝えてくださった先人の方々、私のマナーの師匠 岩沙元子先生。また、マナー界を牽引くださっている企業や諸先生方に、あらためてこの場をお借りして敬意を表します。ありがとうございます。

謝辞2

フリーアナウンサーで教育家としてご活躍中の公私共に心友の香月よう子さんをはじめ、今まで出会った友人、仕事仲間の皆さんにも感謝の意を表します。また、「私たちは何があっても先生についていきます」と言ってくれ、2003年に西出ひろ子直伝のマナー講師養成講座を受講し、以来20年間ずっと弊マナーグループを支え続けてくれているマナーやカラー、茶道の専門家でもある大信頼、不動のトップマナー講師 吉村まどか先生。そのまどか先生からのご縁でご一緒している弊社マナーサロン顧問 似鳥陽子先生。私のお付き秘書兼マナーコーチとして活躍してくれている阿部真悟先生。弊社名誉講師 天国の小黒淳子先生。ボイストレーナーで話し方とマナー講師の山崎聡子先生。一般社団法人マナー＆プロトコル・日本伝統文化普及協会 副理事として、私と共に活動くださっているハッピー水引アクセサリー作家の梅崎照美先生。弊マナーグループ オンライン技術統括で講師としても全国でご活躍中の粕谷香澄先生。東北・北陸地区代表マナー講師、マナーコンサルタントの須藤悦子先生。東海地区代表マナー講師の山田なつき先生。関西地区マネジャーでマナーコーチの佐原成人先生はじめ、北海道を拠点に、メディアなどでもご活躍中のマナー講師の半田典世先生。東京を拠点にマナー講師として長年ご活躍の那須弥生先生。中国・四国方面を中心にご活躍中のマナーコンサルタント 川道映里先生。九州を拠点にデジタルデザインのジュエリー製作を展開し宝飾品店などの経営者であり、マナー講師の山内常代先生。エッセンシャルオイルをつかった創香師で、ドイツを拠点にグローバルにご活躍なさっているマナー講師の西村僚子先生。沖縄を拠点に世界中でご活躍中の企業家で医療エステティシャンの百次亜紀子先生。その他、弊社スタッフ、講師のみんな。クライアントの皆さま。公式オンラインサロン『11ＦＡＢ倶楽部』のメンバーの皆さん。オンラインスクール『11ＦＡＢアカデミー』の受講生の皆さん。本当にありがとうございます。

謝辞3

自分にとってどんなにつらく悲しく苦しい出来事があっても、それがあったから、今の私が在る――。

私がここまで〝マナー〟への想いを深く、それを使命、天命として活動する人にさせてくれた、父、母、弟。

そして、いつも私を信じ支えてくれる世界一、宇宙一優しい夫。天国の愛娘犬ＦＡＢ、愛息犬ＫＯＯ、愛次女保護犬ＲＯＹ。私の家族にも心深く感謝、ありがとうを伝えます。ありがとうございます。心から感謝しています。

皆さまに御恩返しできるよう、これからも精進します。本書をお読みくださり、誠にありがとうございました。皆さまのご健康とご多幸を心より祈念いたしております。

※「真心マナー」「ＴＰＰＯ」「マナーコミュニケーション」「ウェルネスマナー」は、西出博子の登録商標です。

参考文献

『SNS暴力　なぜ人は匿名の刃をふるうのか』毎日新聞取材班・著（毎日新聞出版）
『炎上とクチコミの経済学』山口真一・著（朝日新聞出版）
『「正義」は決められるのか？』トーマス・カスカート著、小川仁志・監訳、高橋璃子・訳（かんき出版）
『これからの「正義」の話をしよう』マイケル・サンデル著、鬼澤忍・訳（ハヤカワ・ノンフィクション文庫）
『江戸しぐさの正体　教育をむしばむ偽りの伝統』原田実・著（星海社新書）
『オカルト化する日本の教育　江戸しぐさと親学にひそむナショナリズム』原田実・著（ちくま新書）
『ツイッター哲学　別のしかたで』千葉雅也（河出文庫）
『寄り添うツイッター　わたしがキングジムで10年運営してわかった「つながる作法」』キングジム公式ツイッター担当者・著（KADOKAWA）
『国家の品格』藤原正彦・著（新潮新書）
『自警録　心のもちかた』新渡戸稲造・著（講談社学術文庫）
『武士道の真実』林信吾・著（アドレナライズ）

『コロナ世代／人類の未来派』森田靖郎・著（アドレナライズ）
『人はなぜ物語を求めるのか』千野帽子・著（ちくまプリマー新書）
『物語は人生を救うのか』千野帽子・著（ちくまプリマー新書）
『「わいせつコミック」裁判　松文館事件の全貌！』長岡義幸・著（道出版）
『マンガはなぜ規制されるのか「有害」をめぐる半世紀の攻防』長岡義幸・著（平凡社新書）
『動物農場』ジョージ・オーウェル著、開高健・訳（ちくま文庫）
『宗教聖典を乱読する』釈徹宗・著（朝日新聞出版）
『本物の気づかい』井上裕之・著（ディスカヴァー・トゥエンティワン）
『Eats, Shoots & Leaves』Lynne Truss（Avery）
『サラリーマン生態１００年史　ニッポンの社長、社員、職場』パオロ・マッツァリーノ著（角川新書）
『［現代語抄訳］言志四録』佐藤一斎・著、岬龍一郎・編訳（ＰＨＰ研究所）
『伝え方が９割』佐々木圭一・著（ダイヤモンド社）
　その他、多くのウェブサイト、ニュース記事、Ｔｗｉｔｔｅｒ（現Ｘ）投稿などを参考にさせていただきました。

著者プロフィル

西出ひろ子（にしで・ひろこ）

マナーコンサルタント、美道家。ヒロコマナーグループ代表。ウイズ株式会社代表取締役会長。HIROKO ROSE株式会社代表取締役社長。一般社団法人マナー＆プロトコル・日本伝統文化普及協会代表理事。1996年度財団法人実務技能検定協会主催日本技能検定協会秘書部門において日本技能検定協会連合会会長賞受賞。大妻女子大学卒業後、参議院議員の秘書職を経て、マナー講師として独立。1998年、英国オックスフォードに渡り、オックスフォード大学大学院遺伝子学研究者（当時）と現地にて起業。帰国後は企業のコンサルティングをはじめ、テレビやCM、雑誌、新聞など多方面でマナー界のカリスマとして活躍中。近年はマナー解説者として、皇室関係者のマナーやコミュニケーション、社会問題に関するコメントも求められている。著書・監修書は多数。近著に『改訂新版　入社1年目ビジネスマナーの教科書』（プレジデント社）、『10歳までに身につけたい　一生困らない子どものマナー』（青春出版社）、『知らないと恥をかく50歳からのマナー』（ワニブックス）がある。

※本書は2021年にアドレナライズから電子書籍として刊行された『マナー講師の正体、マナー講師の本質』を改題、加筆および再編集したものです。

本書の内容に関するご質問は、ご質問の内容と住所と氏名、電話番号を明記のうえ、下記FAXまたは書面にてお送りください。お電話によるご質問は受けつけておりませんのであらかじめご了承ください。

ブックデザイン／tabby design
DTP／三協美術

突然「失礼クリエイター」と呼ばれて

2023年10月21日　第１版第１刷

著　者　西出ひろ子

発行者　石橋美樹
発行所　きなこ出版
〒140-0014　東京都品川区大井7-27-8-301
電話 03-6555-4783
FAX 03-3772-1102

発　売　株式会社星雲社（共同出版社・流通責任出版社）
印刷・製本所　三松堂印刷株式会社

ISBN978-4-434-32861-9 C0095